危機対応と出口への模索

イングランド銀行の戦略

斉藤美彦
髙橋亘
著

晃洋書房

は し が き

This time is different?

　2008 年 9 月のリーマン・ショックから 10 年以上が経過した．先進諸国の中央銀行は非伝統的ないしは非標準的と呼ばれる金融政策の採用を余儀なくされてきた．これは実際には為替ダンピング競争のようにしか見えないが，異様な金融緩和が長期化している．しかしながら，実体経済の回復は思うようには進まず，そこからの脱出（出口）はうまく見通すことができないでいる．ここから長期停滞論といった議論も出てきている．ただし，その一方でこうした超金融緩和は，資産価格には影響し，そのこともあり適温相場という言葉も使用されている．そして失業率は低いものの，一般物価の上昇率は低い状態にある．このような状況下において債務額が膨張している．これは一部の国を除いては，非銀行民間部門のそれではなく，公的部門のそれではあるのだが．資産価格の上昇と債務の増加というのは何をもたらすのだろうか．「今回は違う」のだろうか．確かに違うといえば違う．先進国における超低金利の長期継続と先進国中央銀行における超過準備の恒常化（バランスシートの拡大）であるのだが．これは何をもたらすのであろうか．

新たな段階への移行期となるか？

　かつて宇野弘蔵は『経済政策論』において，資本主義の発展を段階的に発展するものとして捉え「重商主義」，「自由主義」，「帝国主義」の三段階に区分した．そして，第一次世界大戦後の世界は，ロ

シア革命後の社会として，社会主義の初期段階として現状分析論の課題とした．しかしながら，ソ連邦は 100 年持たずに崩壊した．レーニンは「帝国主義」を「資本主義の最高の発展段階」としたが，資本主義はその後も発展を続け（生産力水準としては上昇したが，資本主義としては衰退しているとの見解はさすがに無理がある），1920 年代以降のアメリカ型の生活様式が先進資本主義諸国へ浸透する過程である段階としての資本主義は古典的帝国主義とは異なる段階とみなせる．これをマルクス経済学陣営は，「国家独占資本主義」，「福祉国家」，「消費者主義」，「フォーディズム」等と命名して分析しようとしてきた．

　これも大まかに言って 1970 年代後半以降，変化が生じることとなった．これは「グローバル資本主義」，「金融化」，「新自由主義」等の命名により分析されてきた．これらの議論において一様に指摘されているのが，実物的生産の停滞であり，金融の膨張である．そして金融の膨張（金融化）は，バブルの生成を促し，それはその後に崩壊する．資本主義においてバブルの形成・崩壊は必然かもしれないが，近年は明らかにそのサイクルが短期化しており，バブル崩壊の最大のものがリーマン・ショックであったといってよいであろう．そしてそれ以降の主として先進諸国の経済社会は，何かしらの経過期間的なものを感じさせるのである．

本書の構成

　本書は，この移行期と私が感じているものを総体的に捉えようと意図したものではない．2014 年に上梓した『イングランド銀行の金融政策』（金融財政事情研究会）の続編をなすものであり，移行期的な

経済状況に対応せざるをえない時代の中央銀行の戦略をイングランド銀行に即して分析したものである．このような状態は，不均衡を明らかに増大させてきているが，それが新たな破局をもたらすのか，それがうまく処理されて新たな定常状態をもたらすのかは，現時点で私の能力をもってしては予測することはできない．もっともそれを完全に予測できる人間がいるのだろうかとは思われるのだが．

　近年においては世界各国において，格差が拡大し，大衆のエリートへの敵意（その反面でのエリートの大衆蔑視）が高まってきている．それが，政治面における予測されなかった動きにつながり，ヨーロッパの政治は大きく動揺し，それが経済面にも影響を与えてきている．これまでの保守派対社民という大まかな構図の崩壊があり，政治は流動化してきている．イギリスにおいては，スコットランドの独立への動きがあり 2014 年の独立を問う住民投票は僅差で独立反対派が多数となったものの，周知のとおり 2016 年のイギリスのEU 離脱を問う国民投票においては離脱派が勝利し，その後は長期間の混乱が続いている．

　このような動きは，経済・金融面にも大きく影響しているわけであるが，その本格的な検討については現時点では行うことはできない．本書が対象としているのは，危機への対応をイギリスの中央銀行であるイングランド銀行がどのような戦略により行ってきたのかということである．

　本書の構成を以下で簡単に述べるならば，「第 1 章　カーニー体制下のイングランド銀行金融政策」は，キング前総裁時代に導入された量的緩和（QE）政策の特徴を確認しつつ，それをどう受け継いだかについて検討したものである．また，「第 2 章　貸出促進策と

してのFLSの失敗」は，危機対応の異例の政策として量的緩和政策以外のものとして採用された貸出促進策（FLS）がさしたる効果を発揮することなく終了したこと，およびその理由について検討したものである．

　以上の2章は，危機対応の具体的な姿を検討したものであるが，「第3章　イングランド銀行の量的緩和からの出口政策について」は，量的緩和政策等が非伝統的ないしは非標準的といわれるのは，それは将来的に通常時の金融政策に復帰すること，すなわち「出口」を目指すということであるが，ここにおけるイングランド銀行の特殊な戦略を分析したものである．その特徴のひとつは，同行が出口戦略についてオープンなスタンスをとっていることであるが，それには量的緩和を本体ではなく子会社（APF）が行っていることと関連しているか等について検討したものである．

　「第4章　量的緩和とイングランド銀行財務」は，この異例の金融政策が，同行の財務にどのような影響をもたらしたかについて，本体の「発券部」，「銀行部」および子会社（APF）に分けて検討したものである．APFの収益ないしは損失は，イングランド銀行と政府（財務省）との取り決めにより財政収入ないしは財政支出となっていることがイギリスの対応における一大特徴となっているが，これと出口の混乱回避との関連が注目されることを強調している．

　ところで近年における金融の大きな変化としてはFinTechと呼ばれる技術革新，これと関わるリテール・ペイメントの変貌が挙げられるが，このことは発券銀行としての中央銀行にも大きな影響を及ぼすことは当然のことである．「第5章　中央銀行デジタル通貨（CBDC）の検討」は，近年の変化をイングランド銀行がどのように

分析し，各国で検討が行われている（一部では実験が行われている）キャッシュレスの窮極の姿ともいえる「中央銀行デジタル通貨（CBDC）」について同行がどのような検討を行っているかを考察したものである．

　以上の5章については，斉藤が執筆したが，「第6章　中央銀行の独立性再考――新たな環境のもとで――」は，大阪経済大学の同僚である髙橋亘氏（元日本銀行金融研究所長）の執筆によるものである．それ以前の段階において通貨価値の安定のために望ましいとされていた中央銀行の独立性が，世界金融危機以降において挑戦を受けるようになってきた背景を踏まえたうえで，その回復のために立憲的な権力モデルを提案している．この議論は同時期（1990年代後半）に独立性が強化されたイングランド銀行と日本銀行のケースの検討により裏付けられている．大学卒業以来セントラルバンカーとしての修練を積まれてきた髙橋氏による中央銀行の独立性に関する考察は，本書の内容を豊かなものとしてくれていることを確信している．

出口はやってくるのだろうか？

　ところで本書の構想を本格化させたのは2019年の春の段階であるが，それ以降において世界の主要中央銀行の金融政策の方向性は変化している．主要中央銀行の中で最も順調に出口へと向かっているとみられていたアメリカの中央銀行である連邦準備制度（FRS）は，トランプ大統領の圧力も影響してか7月末に利下げに転じることとなった．また，2018年末をもって終了していた量的緩和を終了していた欧州中央銀行（ECB）は，9月に預金ファシリティ金利の引下げ（マイナス金利の深堀）を決定するとともに11月からの量的緩和の

再開を表明した．このような状況下において日本銀行は追加緩和観測が強まってきているし，本書が検討の対象としているイングランド銀行にしても BREXIT をめぐる不確実性から動きが取りづらい状況にあるといってよい．

政策金利が，ゼロ近傍ではないプラスの数値をとり，中央銀行の超過準備が存在しない状態を出口を出た状態とするならば，主要中央銀行がその地点に達するのははるか遠くの時点ではないか，そもそもやってこないのではないかと思わせるのが最近の状況である．やはりここでも何がしかの転形期，新たな危機の予感がするのであるが，ポスト金融化の姿は私にはまだ明確に捉えることはできないでいる．しっかりと情勢の推移を見守りたいところである．

なお最後に私事で恐縮であるが，本書を 2019 年 12 月 7 日に逝去した私の母，斉藤洋子 (享年 86 歳) に捧げることとしたい．苦労の多い人生であったが，私にたくさんの愛情を注いでくれた母であった．

2019 年 12 月

研究室にて

大阪経済大学経済学部教授　斉 藤 美 彦

目　　次

第1章

カーニー体制下のイングランド銀行金融政策

はじめに

　歴史的にみて世界で２番目に古いといわれる中央銀行であるイングランド銀行（以下 BOE）は，2013 年 7 月にその歴史で初めて外国人（カナダ人）のトップ，マーク・カーニー総裁を誕生させた（カーニー氏は現在は英国籍）．新総裁は，BREXIT についての国民投票結果が離脱となったことに対応するまでは，キング総裁時代の超低金利政策および量的緩和政策を変更することなしに継続してきながら，フォワードガイダンスの導入や貸出促進策のマイナーチェンジ等の比較的地味な政策変更を行いつつ，出口戦略を構想しているようにうかがえた．

　リーマンショック以降において，世界各国（地域）の中央銀行，とりわけ先進諸国の中央銀行は，いわゆる非伝統的政策の採用を余儀なくされているが，その中でもイギリスの BOE は，その効果はともかくとして大胆な資産購入（主として英国国債）を行い，しかもその措置を明確に量的緩和と位置付けている．アメリカの中央銀行である連邦準備制度理事会（FRB）は，その緩和措置を信用緩和（CE）ないし大規模資産購入（LSAP）と呼び，自らは量的緩和（QE）という言葉を用いていなかったり，黒田異次元緩和以前の日銀が，量的緩和という表現を用いることに禁欲的であったことに比べて特徴的である．

　しかしながら，これまでのところその緩和効果は必ずしも明確な形では表れてきておらず，量的緩和とは別に導入された貸出促進政策も効果をあげなかった．イギリス経済は金融政策が効果をあげた

ためというよりは，個人消費が賃金上昇等を背景に好調となってきたことや政府の住宅金融促進策の効果により住宅市場が好調となってきたことを背景に，2013 年入り以降，景気が上向いてきていた．しかし 2014 年後半以降は，その景気回復も減速気味で，物価上昇率もターゲットの下限を割り込むこととなっている．2013 年から 14 年前半にかけて，量的緩和の出口を意識しつつも，その時期が近くにはないことをマーケットに発信していた BOE も，2014 年後半以降はマーケットが出口は遠いのではないかと意識し，それが金利予測等にも表れてきていた．

　本章ではリーマンショック以降 2015 年ごろまでの BOE の金融政策について，カーニー総裁就任後のそれを中心に検討し，さらに量的緩和政策の効果についての BOE 自身の説明の変遷にも触れながら，以下で検討することとしたい．

1　イングランド銀行による危機対応策としての量的緩和政策

　世界金融危機に対応した BOE による非伝統的金融政策の概要（主としてキング前総裁時代）については別稿［斉藤 2014］で詳しく論じている．また本章は主としてカーニー体制下の BOE の金融政策について検討することを目的としている．しかしカーニー総裁就任後の金融政策を検討するためには，キング前総裁下において BOE が如何にして非伝統的金融政策（それ以前の政策が伝統的と呼べるほどの長期間にわたり採用され確立したものであったかについては議論があろうし，用語としては非正統的ないし非標準的といった方が適当かもしれないが，本書に

おいては他の多くの論考がそう呼んでいることもあり非伝統的という用語を一応採用しておく）の採用に追い込まれたのか，その目的と内容はどのようなものであったか等について若干の説明が必要であることから，以下で簡単に触れておくこととする．

2006年5月にBOEはその金融調節方式を大きく変更した．その最大の特徴は完全後積み方式の準備預金制度の新規導入であった．しかも準備預金額（所要準備）については金融機関の自己申告制でその準備預金には付利を行う（この付利金利が政策金利）というユニークなものであった（もちろんコールレートも考え方によっては準備預金に対する付利金利であり，後述のとおりBOEでは一般的な説明としても政策金利とは準備預金への付利金利であるとしている）．BOEでは積み期間の期初で確定しているマクロ的準備需要については100％で供給する一方で，個別金融機関においては準備額（平残ベース）を申告額の上下1％の範囲内とすることを求め，これから外れた場合，すなわち過少準備となった場合および過剰準備となった場合には，準備預金には付利を行わないというペナルティを課すこととしていた．この制度においては，過少準備の場合だけではなく，過剰準備の場合にもペナルティが課せられるという点が重要である．個別の金融機関は当然のことながらペナルティを課せられないように行動するわけであり，BOEの側からは超過準備供給が事実上不可能な制度となっているということである．

危機対応時には中央銀行には流動性の供給（超過準備供給）が求められる．しかしながらイギリスの制度設計においては超過準備供給はできない．BOEは2007年9月のノーザンロック危機以降において，準備預金の付利範囲を上下に拡大する（最大60％）ことで対応し

ていた．しかしながらこれによる準備供給には限界があったことから，2009 年 3 月に政策金利を 0.5％に引き下げるのと同時に，付利範囲の制限を撤廃し，準備預金にはすべて付利することとしたのであった．

　これにより BOE は，超過準備供給すなわち量的緩和政策が可能となったのであった．BOE は 2009 年 1 月 30 日に資産買取ファシリティ（APF）を子会社として設立した．当初は民間資産の購入を目指したものであり，資金調達については TB 発行により行う（これによりマーケットからは資金吸収を行うわけであり，その後に資金供給を行ってもマクロ的な資金供給はプラスマイナスゼロである）としていたが，同年 3 月には国債購入を行うこと，およびそのための資金調達手段を準備預金増により行うことが決定された．ここに APF は質的・量的転換を遂げ量的緩和政策遂行のためのツールとなった．BOE のバランスシートの資産部分をみるならばそれは APF への貸付金となっている．そして APF において将来的に損失が発生した場合には，財政資金により補填され，BOE に損失は発生しないこととされた（この逆に APF に収益が発生した場合においては，解散時において財政収入となるというのが当初の取り決めであった）．この量的緩和政策は，国債の大量購入により準備預金増を目指すという政策であることから，マーケットの関心は当初の購入限度額が増額されるか否かということになる．その後の経緯は，8 月 6 日に購入限度額が 1750 億ポンドに，11 月 5 日に 2000 億ポンドに増額されている．ただしこの資産の買入れは，2010 年 1 月を最後に実質上の停止状態（ごくわずかな民間資産の償還に対応する買い入れはあるものの）となり，MPC においてこの買取枠の増額は行われずに据え置かれたままであったが，2011

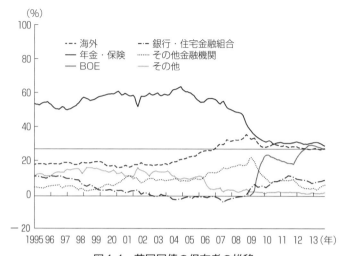

図1-1　英国国債の保有者の推移

[出所] DMO [2014: 11]

年10月に2750億ポンドに増額され，その後2012年2月に3250億
ポンド，同年7月に3750億ポンドに増額された．ただしその後は
買取枠は長期間据え置かれたままであった．この量的緩和の過程で
BOEの国債保有割合は急上昇したが，これは事実上政府の大量国
債発行を支えるものとなっている（**図1-1**）．その意味で状況証拠的
には，BOEによる大量国債購入は財政ファイナンスを目的とした
疑いはぬぐいきれないものがあるといってよいであろう．

2　カーニー体制下のイングランド銀行金融政策

イギリスでは2010年5月に下院選挙があり，1997年以来の労働

党政権からキャメロン保守党・自由民主党連立政権への政権交代があった．キャメロン政権の経済政策におけるポリシーミックスは，いわば大胆な金融緩和と緊縮財政の組み合わせである．前者はアベノミクスと同様であるが，後者については大きく異なるといってよい．

　イギリスにおける財政政策の推移についてみることにすると，労働党ブラウン政権は2008年末から2009年末までの間，付加価値税（VAT）の税率を2.5％引き下げ15％としたが，2010年1月には17.5％に復帰した．キャメロン政権は政権獲得の翌月の2010年6月には緊急予算案を発表し，VATの税率引上げ（2011年から20％），銀行課税等の増税（法人税率については段階的引下げ）および公務員給与凍結，福祉支出削減等の歳出削減策を明らかにした．ここにおいて明らかにされた大学学費値上げについては，同年11月に大規模な反対デモ等の抗議活動があったし，翌年の8月のロンドン等における暴動も，政府の経済政策とは無縁とはいえないであろう．しかしキャメロン政権は以後も財政政策については緊縮政策を採り続けた．とはいっても国債発行残高については，その発行期間が長期であることから高水準のままとはなっている（図1-2）．

　この高水準の国債発行残高を支えているのがBOEによる量的緩和政策ということになるのではあるが，BOEにおいても2013年7月にトップの交代があった．キング総裁の後任となったのは，カナダの中央銀行であるカナダ銀行の総裁であったマーク・カーニーであったが，この人事については世界的な注目を集めることとなった．BOEの歴史上はじめての外国人総裁（現在は英国籍）であることと，その選出過程において募集が雑誌広告（エコノミスト誌）においても

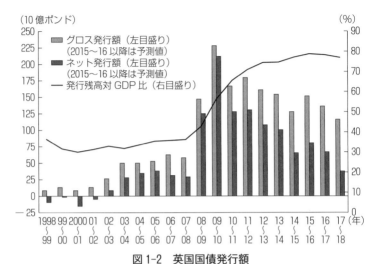

図 1-2　英国国債発行額

[出所] DMO [2014: 60]

なされたということも驚きではあった.

　2013 年 7 月 1 日の就任以前においては，新総裁が就任後に量的緩和政策の基本に直ちに手をつけてこれに重大な変更をもたらす可能性は少ないものの，何らかのフォワードガイダンスを導入するのではとの観測が有力であった．就任直後の金融政策委員会（MPC）においては，金融政策の現状維持が決定された．この決定は 9 人の全員一致であったが，それ以前の 5 回がキング前総裁を含む 3 人が追加緩和（APF の買取額の増額）に賛成したことからの変化が話題となった．そして BREXIT についての国民投票の結果への対応としての措置が採られる 2016 年 8 月まで，カーニー体制下において量的緩和政策（資産買取額）の変更は行われなかった．また，政策金利（準備預金への付利金利）も，それと同じ時期まで変更されなかった．

　総裁就任の翌月の 2013 年 8 月の『インフレーション・レポート』発表時において，フォワードガイダンスとして失業率目標が導入された．具体的には，失業率（目標導入時のそれは 8 ％程度）が 7 ％を下回るまでは量的緩和政策は継続するとのものであった．これは財務大臣により何らかのフォワードガイダンスの導入要請を受けてのものでもあった．2012 年金融サービス法は 1998 年イングランド銀行法を改正し，理事会非執行理事で構成される「監視委員会」を設置することを求めている．同委員会は BOE のパフォーマンスを常に監視することとされているのである．BOE の独立性強化・権限強化の一方でこのような事態も発生しているのである．

　ただしこの失業率目標は，アメリカのそれが法的根拠（目的規定に最大雇用の達成が明記されている）があるのに対して，それが存在しない（経済成長および雇用を含む政府の経済政策を支援という規定はある）という違いはある．また，失業率目標の発表と同時に，いわゆるノックアウト条項についても明らかとされた．これは失業率が 7 ％以上であったとしても，以下の状態となっている場合には，金融緩和は継続しないというものである．具体的には，① 18-24 ヶ月先のインフレ率予想が 2.5 ％を上回ること，② 中期インフレ期待が十分にコントロールされていないと判断されること，③ 金融政策が金融の安定性に対して重大な脅威になっていると金融監督政策委員会（FPC）が判断することのうち，ひとつにでも抵触した場合とされている．しかしながらノックアウト条項に抵触は，即利上げということではないとも説明されている．その後の会見においてもカーニー総裁は FRB と同様に早期利上げ観測の打ち消しに懸命になっている印象があった．

　実際，失業率の数値が低下し7％に近づいてきた一方，金利引上げ等の出口政策を採りうる情勢に実体経済，金融部門の状況ともにないことから，BOE は 2014 年 2 月の『インフレーション・レポート』発表時において，フォワードガイダンスの見直しを発表せざるをえなかった．具体的には，まずインフレーション・ターゲティングの枠組みにおいて物価目標を達成するために，① GDP ギャップを重視し，② BOE は利上げ（出口）の前に GDP ギャップの縮小が必要であるのと認識を明らかとした．そして③ APF による資産購入額は利上げまで維持することを表明し，さらに④ 利上げのペースについても急激なものとはしないとし，⑤ 中期的な政策金利の水準についても危機前の平均水準（5％）を下回るであろうとした．これもまた量的緩和政策の出口はそれほど近い将来ではないとの表明であり，出口を出た後においても引締めのスピードは緩やかなものとするとの表明である．しかしながらフォーワード・ガンダンスを初導入してわずか半年でそのコミットメントを変更しなければならないというのは，中央銀行としてかなりみっともない事態であるといわざるをえないであろう．

　BOE の金融政策はカーニー総裁就任後，基本的には現状維持が続いていた（2016 年 8 月まで）．この間イギリス経済は持ち直し傾向を見せ，為替レートもポンド高となっている．これは，金融政策が効いた結果であるか，キャメロン政権のポリシーミックスの効果であるか等については不明である．少なくとも民間企業への銀行貸出の大きな伸びは観察されていない．救いは住宅価格が低下していないこと，および住宅ローンが比較的好調なことであろうか．

　この住宅市場，住宅ローン市場の好調の背景には，2013 年度予算

（イギリスの会計年度は日本とほぼ同様）で導入されたヘルプ・トゥ・バイという制度が効いた可能性も考えられる．これは当初 2014 年 1 月から導入されることとされていたのを 2013 年 4 月から前倒し導入されたものである．これは個人が新築住宅を（上限は 60 万ポンド）を購入しようとした場合に，政府が住宅価格の 20％の融資（当初 5 年は金負担なし等の条件）を行うというものである．この制度は，同年 10 月には第二弾として住宅買替えの際の住宅ローン（LTV（住宅価格対比の住宅ローン借入額）の高いもの）に対して政府保証を付けるというものである．具体的には高 LTV ローンの 85-95％（住宅価格対比）部分の 95％について政府保証を付けるというものであり，この制度の対象となる住宅の価格の上限も 60 万ポンドである．このような住宅市場，住宅ローン市場への政府の積極的な姿勢は，これらを直接・間接に下支えした可能性はある．そしてそれは当然のことながら金融政策（量的緩和）の貢献とはいえない．

　量的緩和政策の効果が必ずしも明確に出てこないなかで，BOE は金融機関の資金調達コストの逓減による貸出促進策としての証券貸出スキーム（FLS）を導入した．キング総裁時代に導入された，この中央銀行の金融政策としての異例な政策（それは財務省と連携の下でのものでもある）の具体的な内容は，貸出増加額に応じて TB を低コストで貸出すというものである．各銀行は 2012 年 6 月末現在の貸出残高の 5％相当額の TB を借り受ける権利を保有している．さらに貸出増加額分（上限はなし）だけの TB の借入が可能で，これについては 0.25％の手数料となっている．この TB はこのスキームのために特別に発行されるものであり，銀行としてはこの TB を担保に資金調達が可能であることから，その資金調達コストの引下げが期

待され，そこから貸出が促進されることが期待されていたわけである．また，銀行の貸出残高が減少した場合においては，TB 貸出の手数料率は漸増し 5 ％以上減少した場合には 1.5% というペナルティレート的な手数料が課されるという制度設計となっていた．もちろん貸出をそれほど増加させたくない，ないしは減少が予想されるという銀行はこの制度に参加しなければよいわけではあるが（実際に HSBC は参加していない），このようなペナルティも課すことにより貸出促進を目論んだわけである．しかしながらこの制度により貸出が増加したかといえば，その効果はあまりなかったといってよい状態であった．特に企業向け貸出については貸出の伸びは低迷状態のままであったし，個人向け貸出については若干増えたものの住宅投機を助長し，ロンドン等の住宅価格の高騰を招く一因ともなったとの指摘もあった．

　この FLS は，当初 2012 年 8 月から 2014 年 1 月までの制度とされていたが，2013 年 4 月にその 1 年延長（ノンバンクを対象に加える）が決定された．カーニー総裁就任後も 2014 年 12 月にさらに 1 年の延長（2016 年 1 月まで）が決定された．

　2014 年 2 月からの FLS の第 2 ステージにおいては，若干の制度変更がなされた．まずは参加金融機関は 2013 年 4 月から 12 月までの貸出データに基づき，中小企業向け融資については増加額の 10 倍までの，その他への貸出の増加額についてはそれと同額までの TB の借入が可能とされ，その手数料も一律に 0.25% とされた．さらに，2014 年 1 月から 12 月の貸出データに基づいては，中小企業向け融資についてはその 5 倍まで，その他の貸出についてはそれと同額までの TB の借入が可能とされ，ここでも手数料は一律に

表1 1　「LS（2014年）

（単位：100万ポンド）

金融機関	TB借入(2014.12.31)	貸出増減	貸出残高	当初枠	追加枠	総貸出枠
	2014	2014	2014.12.31			
Lloyds BG	20,000	10,000	−9,109	93,441	15,996	0	15,996
Nationwide BS	8,510	—	−1,828	16,030	0	0	0
RBS Group	—	—	−5,092	89,101	0	0	0
Santander	2,175	2,175	323	25,056	0	2,190	2,190
計	55,674	15,653	−15,816	247,552	36,772	10,371	47,143

[出所] Bank of England

0.25％とされた．ただしここにおいては，制度の対象から住宅ロー
ン等は後述のとおり除外されていることは注目される．

　中央銀行としては異例のこのような貸出促進策を採用したにもか
かわらず，実際の貸出の伸びは大きくはなく，2013年までにおいて
は企業向け貸出は減少し，伸びたのは住宅ローンであった．さらに
2014年のデータにおいても，貸出残高は減少しており，BOEが目
指した貸出の増加，特に中小企業向け融資の増加は達成されてはい
ない状態であった[1]（**表1-1参照**）．

　そして住宅ローンの好調は，プラス面の一方でリスクも上昇する
ことも意味する．特にイギリスの場合，長期固定金利の住宅ローン
がほとんどないことから，量的緩和政策の出口が意識される段階に
おいては，そのリスクが意識されざるをえないこととなる．カーニ
ー総裁就任後の2013年11月にBOEは，FLSにおいて前述のとお
り中小企業金融を優遇する一方で，住宅ローン等の個人向け貸出に
ついてはその対象からはずすこととしたのである．

　さらに2014年には，BOEは住宅市場の過熱について警戒感を明

らかにするようになり，BOE 内部の新健全性監督機関である FPC
は，10 月に住宅ローン規制のための新たな権限が与えられるべき
であり，住宅ローンについての新規の規制を導入することを検討す
るという声明を発表した．具体的には，FPC は，BOE の子会社で
ある健全性監督機構（PRA）および独立当局としての金融行為機構
（FCA）に対し，住宅ローンにおいて LTV の上限や収入対比の債務
残高の上限に対する規制を定め，これを指令する法令上の権限を有
するべきであるとのものである．金融政策の舵取りは，リスク管理
との関連でも難しい課題を突き付けられてきているのである．

3 量的緩和政策の効果についてのイングランド銀行の説明の変化

　BOE の迷走ぶりが明らかとなっているのが，その量的緩和政策
の効果についての説明である．量的緩和政策の採用とほぼ同時期に，
BOE は一般向けの広報用のパンフレットを作成し，それは同行の
ホームページからも入手できた．そしてその内容は，一般向けを意
識したとはいえ「量的緩和によりベースマネーを供給すれば，マネ
ーストックが増加し，経済は活性化し，物価はインフレ目標値内に
収まる．」といった極めて単純なマネタリスト的なものであった．

　しかし，当然といえば当然であるが現実はこのパンフレットどお
りには進展しなかった．このため BOE は，量的緩和政策の効果に
ついての説明を変えざるをえなくなった．2012 年頃のキング前総
裁のスピーチ等で量的緩和政策の効果についての説明をこのパンフ
レットとは異なった仕方で行ってきた[2]．そして当初のパンフレット

はいつのまにか撤回され，ホームページ上その他での確認はできなくなった．その内容については後ほど詳しくみることにするが，ごく簡単にあらかじめいっておけば，BOE（APF）が国債を非銀行民間部門（年金基金・保険会社等）から大量に購入することにより，国債価格は上昇する（金利は低下する）．BOE に国債を売却した年金基金等はその代り金を銀行預金として受け取る（マネーストックの増加）が，それをそのまま置いておくことはせずに他の債券・株式といった利回りのよい民間部門の金融商品に投資することが期待される．そうするとこれらの金融商品の価格が上昇し，発行企業の資金調達コストは低下することとなり，それによって投資・消費が拡大することが期待されるというものである．当初のマネタリスト的な説明は事実上撤回されているのである．

　これに加えて BOE は，量的緩和によっても，最低限年金基金等からの国債購入分だけでも増加してよいはずなのに，なぜマネーストックが期待通りに増加しないかについて分析した論文［Butt et al. 2012］を 2012 年末に『イングランド銀行四季報』に掲載した．「マネーのデータは QE のインパクトについて我々に何を語っているのか？」と題するこの論文によればマネーストックが増加しないのには何らかの「漏出」があったからであるとのことである．具体的には，① 社債等の利回り低下から銀行貸出への需要が減少（銀行の貸出減少），② 投資家が銀行発行の債券・株式を購入（銀行の負債構成の変化），③ 銀行自身の国債売却，④ 投資家が非居住者から資産購入（ポンド建てのマネーストックの減少）等が原因であるとしているのである．

　この論文は，キング前総裁時代に発表されたものであるが，BOE

はカーニー総裁就任後の 2014 年初めに「現代経済における貨幣創造」と題する，当初のマネタリスト的な説明を完全に否定する論文 [McLeay et al. 2014b] を『イングランド銀行四季報』に発表した．以下では，その内容をやや詳しく紹介することとしたい．なお，BOE では外部の者に委託して，「イングランド銀行史」を自由に書かせることが慣行になっているが，同行のオフィシャル・ヒストリアンのキャピーが 2010 年に刊行した『イングランド銀行──1950-1979 年[3]』によれば，『イングランド銀行四季報』に掲載される論文については，同行内部で議論され，その内容が BOE の公式見解として適当かどうかが吟味されるということである．この論文はカーニー総裁も了解のうえで掲載され，ホームページ上においても BOE の量的緩和政策の説明として示され，さらに簡単な紹介ビデオもみられるようになっていると解釈できる．その意味でもこの論文の内容をみることは意義のあることであろうと考えられるのである．

　この論文は研究論文ではなく，一般向けではないものの金論の知識がある程度ある読者に金融政策や量的緩和政策の意味を説明するものである．なお，『イングランド銀行四季報』の同じ号には，同じ著者による『現代経済における貨幣──イントロダクション』という論文も掲載されている．この論文は，一般向けに現代における貨幣とは何かについて易しく説明するという内容であり，具体的には，今日の貨幣（通貨・銀行預金・中央銀行準備）は，すべて債務証書 (IOU) であり，その大宗をなす銀行預金は，銀行の貸出により創造されると説明されている．すなわち銀行は預金を集めて貸出す機関ではないと説明されているのである．

　そして，これから詳しくみる論文においては，まず始めに「貨幣

創造についての2つの誤解」というのが取り上げられ，一般に考えられている誤解として以下の2つを挙げている．そのひとつは銀行を預金を受け入れてこれを貸し出す金融仲介機関とするものである．しかしながら実際は，銀行は貸出により預金を創造しているのであり，この銀行により創造された貨幣（預金）が現代における貨幣の大宗をなしていると説明されている．銀行が貸出を行う際にはいつでも，それと同時に借入人の銀行口座にそれと同額の預金が形成され，これにより新たな貨幣が創造されるのであるということが強調されており，預金を何かわからないがすでにあるものし，それが預金されることから始まる金融論が否定されているのである．

　同論文がよくあるもうひとつの誤解として指摘するのが，中央銀行が供給した準備が乗数倍の預金を形成するという考えである．これは中央銀行は，中央銀行貨幣の量をコントロールすることにより経済における貸出および預金の量を決定するというものであり，これは一般的に「貨幣乗数」アプローチと呼ばれるものであるが，これについても完全な誤解であると説明されている．この理論を適用すると，準備の総額は貸出の制約条件となっていることから，中央銀行は直接的に準備の総額を決定しなければならない．貨幣乗数理論は，経済学の教科書において貨幣および銀行業についての導入的説明としては有益な方法かもしれないが，それは現実に貨幣がどのように創造されるかについて正確に説明したものではないと断言し，今日においてどのように貨幣が創造されるかという現実とともに，何冊かの経済学の教科書にみられる説明は誤ったものであるとの中央銀行としての見解を披露しているのである．今日の中央銀行は，準備の量をコントロールするのではなく，通常は準備の価格である

金利を調整することにより金融政策を遂行しているのであると説明されている．

　一応確認しておけば，ここで量的緩和採用当初の一般への説明は完全に否定されている．実際の世界においては，中央銀行は準備量を目標にすることはなく，通常時は金利をコントロールし，それにより銀行の信用創造の総量（預金量）をコントロールしているとし，「貨幣乗数」アプローチを完全に否定しているのである．

　こういった見解は内生的貨幣供給説そのものであるが，論文では次に内生説によくぶつけられる非常にシンプルかつ金融の基本を理解しない質問・誤解に対する回答を行っている．それは預金が銀行の信用創造によるもので貸出が預金量による規制を受けないとするならば，銀行による信用創造は無限に行えるのかといった類の疑問である．

　同論文は，当然のことながら銀行が貸出により貨幣を創造できるからといって，それらが限度なしに自由にそれを行いうるわけではないと説明している．銀行は，それらがどれだけ貸出を行えるかについては，競争的な銀行システム内において収益性が維持できるかということにより制約されているというのが第一の理由である．健全性規制もまた，金融システムの回復力を維持するためのものとして，銀行行動を制約するものとして働いているとしている．また，必要もない貸出を銀行が行った場合，創造された貨幣を受け取る家計および企業は，貨幣ストックの量に影響を及ぼす行動をとることが可能であるとも説明されている．たとえば，家計および企業は現存する債務を支払うために貨幣を使用することにより，貨幣を即座に「消滅させる」ことができるのである．預金通貨は銀行の貸出に

より創造され，その返済により消滅するという内生説の基本がここにおいても確認されている．

　そして同論文は，金融政策は，貨幣創造を究極的に制限するものとして作用しているとしている．BOE はインフレーション・ターゲットを採用しているわけであるから，銀行による貨幣創造の総額が低く安定的な物価上昇率を確実なものとすることを目指しているとし，平時において，BOE は中央銀行準備への付利金利を操作することにより金融政策を遂行していると説明している．2006 年以降，BOE の政策金利は準備預金への付利金利である．平時においては，これが短期のレポオペ金利（期間1週間）とされることから，政策金利の期間については1週間としても大きな間違いではないが，正確には準備預金の付利金利が政策金利なのである．そして量的緩和政策採用後は，このことが明確に認識できるようになってきているのである．それはともかくとして，同論文は政策金利の操作は，銀行の貸出金利を含めた経済の各種の金利へ影響を及ぼしていくと説明し，それが貨幣創造の総額をコントロールしているとしているのである．

　以上のような説明に続けて，同論文は再度「貨幣乗数」アプローチを否定している．すなわち金融政策と貨幣についてのこのような説明は，多くの初級の教科書とは異なっているであろうとしているのである．「貨幣乗数」アプローチにあっては，中央銀行は準備量を能動的に動かすことにより「貨幣乗数」を通じて広義貨幣の量を決定すると説明されている．このような見解によるならば，中央銀行は準備量を決定することにより金融政策を実行するということになる．そして，広義貨幣とベースマネーの比率が安定的であるとの

仮定の下で，これらの準備はその後，銀行が貸出と預金を増加させることにより"乗数倍され"銀行預金のより大きな変化へと結びつくというのが「貨幣乗数」アプローチであろう．

　しかし同論文は，このストーリーのどのような段階も現代経済における貨幣と金融政策との間の関連の正確な描写とはなっていないと「貨幣乗数」アプローチを批判している．そして「中央銀行は，望ましい短期金利の水準を達成するために通常は準備量を操作することはない」と明言しているのである．中央銀行は，準備の量ではなく価格，すなわち金利を決定しているのであり，準備および通貨（この両者がベースマネーを構成する）両者の供給は，支払決済のためおよび顧客からの通貨の需要に応える両方の需要から来る銀行の準備需要により決定されるのであり，中央銀行は通常はこの需要に受動的に対応すると説明されている．

　そうするとベースマネーに対するこのような需要は，それゆえに銀行が貸出を実行することおよび広義貨幣を創造することの原因というよりは結果ということになる．先にベースマネーが供給されるということは，平時においては発生しようがないのである．

　中央銀行が決定するのは，準備の量ではなく価格であるということは，銀行の信用拡張の決定が任意の時点での収益性のある貸出機会の有無に基づいているということの理由となっている．銀行の貸出の収益性に大きく影響するのは，銀行が直面する資金のコストであるが，それは準備に支払う金利すなわち政策金利に密接に関連しているからである．

　同論文は，システム内に既に存在する準備の量は，金利とは異なり貸出の結果として生じる広義貨幣の量の制約とはならないと確認

している．この貨幣乗数の分母には，準備預金が含まれる．そして，銀行が保有する預金の一定割合と同額の最低準備額の保有を銀行が強制される（準備率規制）ことにより準備預金への需要が生じることがある．しかし準備率規制は今日のほとんどの先進国における金融政策の枠組みにおいて重要なものではないとしている．

　そうすると金融政策の緩和気味のスタンスとは，貸出金利を引き下げ，貸出量を増加させることであり，それは広義貨幣のストックを増加させることになる可能性が高い．そして，経済における支出水準の増加を伴った広義貨幣のストックがより大きくなるということは，銀行およびその顧客がより多くの準備および通貨を需要する原因となるかもしれないと同論文は指摘する．したがって，現実の世界では，貨幣乗数の理論は通常説明されているのと逆の方向で働いていると指摘されている．ベースマネー供給から乗数倍のマネーストックとなるのではなく，銀行の貸出により決定されるマネーストックがベースマネーを決定するのである．

　このように金融政策が銀行の信用創造への制約として働くと説明する以上，量的緩和政策の効果の説明として，当初のパンフレットの説明は事実上撤回されざるをえないこととなる．同論文では，量的緩和政策の効果について当初のパンフレットとは全く異なる説明を行っている．

　同論文は，商業銀行はインフレ目標を達成する経済と整合的な水準に比べて過少な貨幣の創造しか行わない場合もあるとしている．平時においては，BOE（MPC）はより多くの貸出を行わせ，それにより多くの貨幣創造を行わせるために政策金利を引き下げるという行動をとることができる．しかし，金融危機に対応して，BOE

（MPC）はバンクレートを 0.5％という，いわゆる実質最低限度の水準まで引き下げたが，それ以上の緩和は金利の引下げによって行うことはできない．ここにおいて可能な政策のひとつとして量的緩和政策（QE）が挙げられている．

通常の金融緩和政策（金利引下げ）と QE では貨幣の役割は同じではない．QE は金融政策の焦点を貨幣の量へとシフトさせるものである．中央銀行は一定量の資産を，広義貨幣の創造およびこれに対応して中央銀行準備量を増加させることにより裏付けられることにより，購入すると説明されている．ここで説明される QE の効果とは，資産（国債）の売り手である年金基金等は，国債を売却することで銀行預金を取得する．それらは通常それにより保有したいと望んでいる以上の銀行預金を保有することになるであろうことから，そのポートフォリオをリバランスさせようと望むことになる．期待されるのは，社債や株式といったより利回りの高い資産の購入である．この“ホットポテト”効果は，これらの資産の価格を引き上げ，企業にとってこれらの市場からの資金調達コストを引き下げることが期待される．でこのようなことはさらに経済全体の支出水準を高めることが期待されるのであり，これが QE に期待される効果であるというのである．

そうすると QE の効果は非常に限定的であるように思えるし，この説明に「期待の変化」なるものは一切登場していないことは注目されるが，その点はしばらく措くこととして，同論文は QE についても 2 つの誤解があると指摘している．その誤解とは，ひとつは QE は銀行に“フリーマネー”を与えるというものである．そしてもうひとつの誤解とは QE の鍵となる目的は，貨幣乗数理論が説明

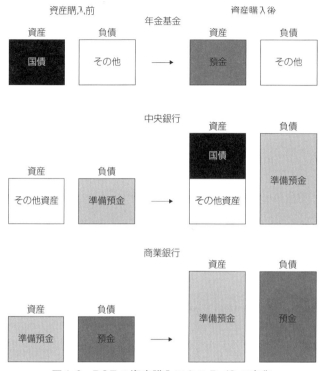

図 1-3　BOE の資産購入による B／S の変化

[出所] McLeay et al. [2014b: 24]

しているように，銀行システムにより多くの準備を供給することにより銀行貸出を増加させることであるというものであるというのである．

　この誤解を解くために，同論文はまず，QE と貨幣量の関係について図（図1-3）を用いて説明している．年金基金が BOE に国債を売却する場合，年金基金は BOE に預金口座を保有していないことから商業銀行が仲介機関として利用される．年金基金の取引銀行は，

年金基金の口座に国債の売却代金の 10 億ポンドの預金を記帳する.
BOE はこの購入資金を年金基金の取引銀行の準備を増加させることにより調達する. そしてそれは商業銀行に IOU を渡すことなのである. 商業銀行のバランスシートは拡張するのであり, 新たな預金債務は新たな準備という形態の資産に対応しているのであると説明されている.

このような説明の後に, 同論文は「誤解」についてそれを解くべく説明している. まず「どうして追加的な準備は銀行にとって"フリーマネー"ではないのか」という点については, 中央銀行の資産購入は商業銀行のバランスシートに作用するが, これらの銀行の第一の役割は中央銀行と年金基金の間の取引を容易にするための仲介機関として働くことである. 図 1-3 に示されている追加的準備は単にこの取引の副産物に過ぎないというのである. 準備預金は商業銀行により保有される利子を生む資産であるから, それらの準備は銀行にとっての"フリーマネー"であるというような議論がしばしばなされることがある. しかし, 銀行は新たに創造された準備から利子を受け取るわけではあるが, QE は年金基金の預金という形態での銀行にとっての負債もまたその際には創造している. 銀行は通常は金利をそれに対して支払わなければならないのである. QE は銀行に中央銀行からの新たな IOU だけでなく, 同額の年金基金への IOU の両方を生じさせるのであり, 双方の金利はバンクレートに依存するのであると説明されている.

イギリスの場合は, 資産購入が基本的に年金基金等から行われており, 年金基金が保有する銀行預金は"フリーマネー"であっても, 銀行にとってはそれは負債 (IOU) であり, 資産としての準備預金が

増加したとしてもそれは“フリーマネー”ではないのであるという説明であろう．なお，日本の場合は主として銀行から国債が購入されるわけであるが，それは銀行の資産側において国債が準備預金に変更されるわけである．したがって対応負債に変化はないわけであり，ここでも銀行は“フリーマネー”を手にしたわけではないのであろう．

　もうひとつの誤解への回答は，「なぜ追加的な準備は新たな貸出および広義貨幣へと乗数化されないのか」についての説明である．QE の伝播経路は新たに創造された広義貨幣—ベースマネーではない—への影響に依存する．伝播のスタートは政府債務と交換されることにより発生する資産保有者のバランスシートにおける銀行預金の創造である．ここで重要なのは，銀行セクターで創造される準備は中心的な役割を果たさないということであることが強調される．なぜなら銀行はこの準備を直接的に貸出すことはできないからである．準備は商業銀行にとって中央銀行からの IOU である．これらの銀行は，それをお互いの間の支払いに用いることはできるが，それを実体経済における消費者に“貸出す”ことはできない．消費者は準備口座を持っていないからである．銀行が追加的な預金を発生させることにより追加的な貸出を行う場合において，準備量は変化しないと説明されている．

　そしてここでも「貨幣乗数」アプローチについて，新規の準備はそれが展開しているような新たな貸出および新たな預金という具合に機械的に乗数化されるわけではないと批判している．QE は直接的に貸出増加を導くあるいは要請することなしに広義貨幣を拡大させるものであるとし，金融政策の方針が機械的に準備の量を決定す

るという QE の期間中においては，貨幣乗数理論の第一の軸が存在しないうえに，新たに創造された準備は，それだけでは銀行にとって貸出により新たな広義貨幣を創造するインセンティブを大きく変化させることはないのであるとしている．QE は，たとえば銀行の資金調達コストを低下させるないしは景気浮揚効果により信用量が増加することにより銀行が新規の貸出を行うインセンティブに間接的に影響を与えるということは可能かもしれない．しかし同時に，もし新規の債券もしくは株式の発行を行い，その資金を用いて銀行からの借入の返済を行った場合には，QE は企業の銀行信用の返済へと誘導することになってしまうと指摘している．そうすると，QE はそれゆえに経済における銀行貸出を増加させることも減少させることも可能なのであると同論文は指摘している．これらのチャネルはその伝播の経路としては重要なものとは考えられてはいないのであり，そうではなくて QE は銀行セクターを介することなしに民間セクターの支出を直接的に増加させることを目的とし実施されているのであると最後を締めくくっている．

このように同論文においては，何度も「貨幣乗数」アプローチは否定されているのである．その意味では，BOE は量的緩和政策採用当初のマネタリスト的な説明を撤回したといってよいのであろうと思われる．

同論文をもう一度まとめるとするならば，内生的貨幣供給説に基づき，預金通貨が「貸借関係から生まれる」ことを確認したうえで，教科書にあるような「貨幣乗数」アプローチを完全否定する．そうしたうえで，量的緩和政策（QE）についても，それが銀行に "フリーマネー" を供給しているわけではなく，したがってそこからベー

ハイマネーの乗数倍の預金が形成されるわけでもないことを強調している．そうすると QE の効果なるものは，非常に限定的なものといってよいものとなる．また，この議論からは中央銀行のバランスシートの大きさと金融の緩和度の間にはほとんど関係はないという結論が見いだせる．さらには，ここにおける議論には QE による期待の変化なる議論が一切登場していないことにも注目すべきであろう．そうすると，イギリスにおける QE からの出口戦略としては，資産購入額を減少させることは，QE の緩和効果がそれほどのものではなかったということであれば，強い引締め効果は発生しないであろうとの結論が一応は導き出せそうではある．しかしながら，そのやり方によっては国債価格，長期金利に非常に大きな影響を与えることも考えられる．今後の注目点としては，APF の損失が財政負担となるという制度設計が，どの程度出口戦略に影響するかということも挙げられるであろう．

おわりに——出口政策へ向けて——

　以上でみたとおり，BOE の量的緩和政策はそれほどポジティブな効果を発揮したとは言い難い．2012 年 7 月以降，資産買入れ額の増額は行われなかった（2016 年 8 月まで）わけである．またこれはストックベースで運営されており，月毎の購入額による方式ではない．そうすると上限に達した以降は，満期到来債券分の購入しか行われないわけであるが，それによるマイナスが顕現化しているわけではなかった．そもそも準備供給による量的な緩和効果自体を BOE 自

身が否定しているわけであり，説明の変更は BOE 自身における混乱を感じさせるが，やはり現在の説明がより受け入れられるものではあろう[4]．また，フォワードガイダンスの条件の半年での変更も，中央銀行のレピュテーションを傷つけることといってよいように思われる．このようなことも影響してか，BOE は 2014 年 11 月に，MPC の開催を年 8 回（従前は 12 回）とすることや，MPC と FPC の合同開催を行う等の改革を，議会からのガバナンス強化等の要請を受けて行わざるをえなくなっている．もっともこれはヨーロッ中央銀行（ECB）が，2015 年 1 月から，金融政策について議論する政策委員会の頻度をそれ以前の月 1 回から 6 週間に 1 回としたことも影響しているものと思われる（決定は 2014 年 7 月）．この ECB の決定もまた，アメリカの連邦準備制度理事会（FRB）の FOMC の開催頻度を意識したものでもあろう．

　こうしたなかで 2013 年以降の個人消費・住宅市場の好調を主因とする景気回復は，金融政策の引締め方向への転換（おそらくは政策金利の引上げ）の時期がいつであるかをマーケットに意識させるようになってきていた．これに対して BOE は，出口がそれほど近くはないことを意識させるようにしつつ，出口を出た後についても急激な引締めには向かうわけではないことを表明していた．そうしているうちにイギリスにおいては 2014 年第 4 四半期には景気減速傾向が明らかとなってきた．これは出口の時期をさらに不鮮明にする事態であるといってよい．そして 2014 年 12 月には消費者物価指数の前年同月比が 0.5％となり，インフレーション・ターゲットの下限の 1％を割り込み，カーニー総裁は，翌月に総裁就任後初めての公開書簡をオズボーン財務大臣に書かざるをえなくなった．その公開

書簡の内容にはさして注目すべき内容はなく，BOE の苦悩が浮き彫りになっているとの評価も可能であろう．

　今後において，出口が見通せる状態になった際の大きな問題としては，BOE が大量に購入した国債を果たしてスムーズに売却できるのか，その際に APF に損失はどの程度発生するのかということがある．損失の発生は，財政赤字の拡大を意味するわけであり，それにより国債価格はさらに低下（金利は上昇）するというリスクも存在する．効果の不鮮明な量的緩和の拡大政策はとりづらく，一方で金融抑圧への非難は大きいと予想されることから，金融政策の舵取りはますます難しいものとなっていった．また，ECB は 2015 年に入りついに量的緩和政策を採用した[5]．一方，この時期の BOE は QE からの出口を模索していた．非伝統的金融政策採用後のこのような主要中央銀行間のねじれもまた新たなリスクと意識されていた．しかしながらその後の先進国中央銀行の姿は，超低金利と超過準備保有の長期化の一般化であった．

注

1）FLS について詳しくは，本書の第 2 章において検討されている．

2）このような内容の説明はキング前総裁も講演［King 2012］で行っており，量的緩和政策の効果がそれほど大きなものではなかったことも認めている．そしてこれに加えて，もしそれが行われなければイギリス経済はもっと悪化した可能性が高いとの言い訳的な発言が行われている．

3）Capie［2010］参照．

4）加藤［2014］もまた，BOE の量的緩和についての当初説明の誤り，およびその後のそれへの言及なしの説明の変更について批判している．

5）ECB は，2018 年末に量的緩和政策（APP）を一旦終了した（2019 年末に再開）．

第2章

貸出促進策としてのFLSの失敗

は じ め に

　世界金融危機以降，先進諸国の中央銀行は非伝統的と呼ばれる金融政策を採用せざるをえなくなった．イギリスの中央銀行であるイングランド銀行（BOE）もまた 2009 年 3 月以降，非伝統的金融政策としての量的緩和政策（QE）を採用してきている．その内容は国債の大量購入（LSAP）であるが，BOE は自らこれを QE と称している．これは QE という用語を自らはほとんど使用しなかったアメリカの中央銀行である連邦準備制度（FRS）とは対照的である．

　BOE の採用した QE は大きな効果を挙げたとはいえない状態で推移してきているが，これに加えて BOE は金融機関の資金調達削減策として TB を低コストで貸し出す証券貸出スキーム（FLS）という政策を採用した．しかしながらそれによっても金融機関の貸出は増加せず，BOE はそのスキームをマイナーチェンジし，中小企業金融融資重視のものとしたがこれも成功したとはいえない．当初の期間を延長する度に，その存在意義が不明瞭になっていった印象を抱かざるをえないのである．本章においては，BOE による危機対応策を検討し，それが何故に貸出増加等に結びついていかなかったかについて検討することにより，その限界を示すこととしたい．

1　危機対応策としての BOE の量的緩和政策

　アメリカのサブプライムローンの支払不能問題はヨーロッパ諸国

の金融機関へも大きな影響を与えることとなった．イギリスにおいては 2007 年 9 月にノーザンロックが流動性危機に陥ったが，そこにおける取り付け騒ぎはイギリスにおいて 140 年振りのものといわれた．同行はかつては住宅金融組合であり，1997 年に銀行に転換し，その後は急拡大路線を採り，住宅金融大手となってきていた．その資金調達は，リテール預金中心ではなく，市場性資金とりわけ住宅ローン担保証券（MBS）の発行に依存していた．それが 2007 年 8 月のフランスの BNP パリバ傘下のファンド（米 MBS 等に投資）の資金凍結以降の市場混乱から，ノーザンロックの MBS（同行の国内住宅ローンから組成）は販売不振となり，流動性危機に陥ったのであった．

　これに対応して，BOE はノーザンロックに対する流動性の供給を行った．ここでイギリスの平時における準備預金制度を説明すれば，それは完全後積みの制度であり，その準備額も金融機関の側が決定するというユニークなものであった．この積み期間の初めにおいて確定しているマクロ的な準備需要に対しては，BOE は 100％これを供給する一方で，個別の金融機関については期初に申告した準備額（平残）の上下 1 ％以内の保有を義務付け，過少準備だけでなく過剰準備の場合においてもペナルティを課す制度設計となっていた．ここにおけるペナルティとは，準備預金への付利を行わないということであった．

　この制度は，過少準備だけではなく過剰準備もないという制度設計であり，これが平時の姿であった．細かな説明は省略するが，[1] BOE がノーザンロックへ流動性の供給を行えば，それはマクロ的には過剰準備を供給することとなってしまう．したがって BOE はこの時点においては，過剰準備に対するペナルティを回避すべくペ

ナルティを課さない準備額の幅を拡大するということで対応した.

　しかしながらこれでは量的緩和（QE）ないしは大規模資産購入（LSAP）を行うことは難しいことから，BOE は 2009 年 3 月に政策金利をゼロ近傍の 0.5% とするとともに，国債の大規模購入により準備預金増を目指す量的緩和政策を導入した.　ここにおいて金融機関の側からの準備額の申告は不要とされ，準備預金の全額に政策金利による付利がなされることとなった.

　また，国債の大量購入は，BOE 本体により行われるわけではなく，資産買取ファシリティ（APF）という子会社により行われ，BOE から APF にはその購入資金の貸付が行われるという制度設計となっている.　なお，将来的に APF に損失が発生した際には，財政により損失負担がなされることとなっているのもイギリスの制度の特徴である.

　2009 年 3 月時点における APF による資産買取額（上限）は 1500 億ポンドであったが，その後，同年 8 月に購入限度額は 1750 億ポンドに拡大され，11 月には 2000 億ポンドと再度拡大された.　この資産の買い入れは 2010 年 1 月に一旦停止され，資産の購入限度額は据え置かれていた.　この購入限度額は，2011 年 10 月に 2750 億ポンドに増額され，その後，2012 年 2 月に 3250 億ポンド，同年 7 月に 3750 ポンドに増額された.　それ以降においては，しばらくはこの限度額は変更されなかったが，2016 年 6 月のイギリスの EU 離脱の是非を問う国民投票の結果による混乱への対応から，同年 8 月に 4350 億ポンドへと増額された.

　ところで，BOE はこの量的緩和政策の効果について，導入当初の一般向けの説明においては，ベースマネーの供給がマネーサプラ

イの増加につながり，それが物価および景気の上昇に帰結するといった極めて単純なマネタリスト的な説明を行っていた．しかしながら日本の量的緩和政策の経験からもわかるとおり，イギリスにおいてもベースマネーの供給はマネーサプライ増には結びつかなかった．

BOE は量的緩和政策の効果についての当初の一般向けの説明は放棄せざるをえなくなった．これに代わる量的緩和政策の効果についての BOE の説明は以下のようなものである．イギリスの量的緩和政策において，BOE（APF）が国債を購入しているのは，年金基金や保険会社といった機関投資家からがその中心である．BOE による大規模な国債購入により国債価格は上昇し，長期金利は低下することとなる．年金基金等は BOE に対して国債を売却したことにより利益が得られ，その代わり金（銀行預金）により他の資産（社債等）を購入すればそれらの価格が上昇する（金利は低下する）．このような資産価格の上昇や金利低下による借入コストの低下は，経済全体の支出増・産出増へとつながるというものである[2]．

ただし BOE のキング前総裁は，これらの効果がどの程度のものであるかはよくわからないと率直に認めたうえで，もし量的緩和政策が採用されていなければ経済には痛みが生じていた可能性が高いと述べていた[3]．このように BOE による国債の大量購入は明確なポジティブな効果を発揮してきたとは言い難い状況にある．これは政策金利がゼロ近傍となって以降に，その効果と副作用が必ずしも明確でない中で，実験的に導入された政策とみなすことができよう．

金融機関の資金調達コスト削減策としての FLS

BOE が今次危機に対応して採用した政策は量的緩和政策だけではない．それらの中で注目されるのは，2012 年 7 月に創設された（運用開始は同年 8 月）証券貸出スキーム（FLS）である[4]．これは量的緩和政策による過剰準備の供給が貸出の増加に結びつかず，マネーサプライも増加しなかったことから採用された制度であるとみなすことができる．準備供給が貸出増に単純に結びつかないことは，日本においても実証されていることであり，事後的に計算される数値である信用乗数（マネーストック÷ベースマネー）をアプリオリに一定とし，ベースマネー増がマネーストック増（＝貸出増）に結び付くということは実際の世界においては出現しないのである．そこで，FLS の狙いは，金融機関の資金調達コストを低下させることにより貸出の増加を実現しようとすることにあったのである．

FLS の具体的な内容は，金融機関に対して貸出増加分に相当する金額の TB を低い手数料 (0.25％) で貸し出すというものである．これにより金融機関は TB を担保とする低金利の資金調達が可能となり，これによる資金調達コストの低下が金融機関の貸出にポジティブな効果を与えることが期待されていた．この制度は，QE の実行主体が子会社の APF であるのに対して，BOE 本体が行ったものであった．また，この制度は BOE と財務省が連携して設計したものであり，貸し出される TB はこの制度のためだけに発行されるものであった．

各金融機関は，2012 年 6 月末時点の貸出残高の 5 ％相当額の TB

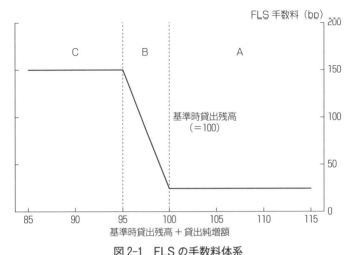

図 2-1　FLS の手数料体系

[出所] Churm et al. [2012: 309]

を借り受ける権利を保有していた．さらに各金融機関は貸出増加分（2012 年 6 月から 2013 年 12 月までの期間における）だけの TB の借入れが可能であり，これについては手数料は 0.25% とされ，借入上限も設定されていなかった．逆に，貸出残高が減少した場合においては，手数料率は漸増し，5% 以上減少した場合においては 1.5% の手数料が徴求されるという制度設計となっていた（**図 2-1**）．こうした制度設計は，金融機関に貸出のインセンティブを与えることにより，マネーサプライの増加を目指すものであったといってよいであろう．

　もちろん貸出をそれほど増加させたくない，ないしは減少が予想されるという銀行はこの制度に参加しなければよいわけではあるが（実際に HSBC は参加していない），このようなペナルティも課すことにより貸出促進を目論んだわけである．しかしながらこの制度により

表 2-1　FLS の TB 引出額と貸出純増額（第 1 パート）

（単位：100 万ポンド）

基準時貸出額 (2012.6.30) (A)	貸出純増額（家計・非金融企業向け）（4 半期ベース）						貸出純増額（計）	
	2012Q3	2012Q4	2013Q1	2013Q2	2013Q3	2013Q4	金　額 (B)	(B)/(A) %
1,401,434	243	−2,635	−1,089	1,813	6,174	5,782	10,289	0.7%
TB 引出額（ネット）（4 半期ベース）							TB 引出額 (2013.12.31)	
	4,360	9,472	2,621	1,118	5,524	18,785	41,876	

［出所］Bank of England

　貸出が増加したかといえば，その効果はあまりなかったといってよい状態であった．特に企業向け貸出については貸出の伸びは低迷状態のままであったし，個人向け貸出については若干増えたものの住宅投機を助長し，ロンドン等の住宅価格の高騰を招く一因ともなったとの指摘もあった．

　2012 年 6 月末の対象金融機関の貸出残高は 1.36 兆ポンドであるから，その 5 ％は 680 億ポンド程度である．2012 年第 3 四半期の TB の借入は 43.60 億ポンド，第 4 四半期のそれは 94.72 億ポンドとそれほど多いとはいえないものであった．そして実際の貸出は，2012 年第 3 四半期には 9.23 億ポンドの増加となったものの，第 4 四半期には 26.35 億ポンドの減少となってしまい，制度の目指したものとは逆の結果が生じてしまったのであった．ネットの貸出残高が，増加に転じたのは 2013 年の第 2 四半期のことであり，それ以降は若干の増加に転じたものの，2014 年 1 月末における TB の引出し額は 418.76 億ポンドであり，累計の貸出増加額は 102.89 億ポンドであった（**表 2-1**）．この累計の TB の引出し額は，2012 年 6 月末

時点の貸出残高の5％相当額である約700億ポンドに遠く及ばない水準であり，当初に期待された引出額の増加は達成されなかった．また，この間の累計の貸出増加額の2012年6月末時点の貸出残高対比では，わずかに0.7％の水準に過ぎなかった．

3　中小企業融資促進を狙ったFLSのマイナーチェンジ

　このFLSは，当初2012年8月から2014年1月までの制度とされていたが，2013年4月にその1年延長が決定された．政策の効果が出ていないにもかかわらず，金融機関への貸出へのインセンティブを与えることが重要であるとの判断からのものではあろうが，制度存続には疑問符が付けられざるをえない状態であったのは事実である．なお，制度の1年延長が決定された時点においては，対象金融機関がそれまでは銀行と住宅金融組合だけであったのを，ノンバンクについても対象に加えることとされた．

　当初の目論見が外れた格好となったFLSは，2014年2月からの第2パートにおいては，若干の制度変更がなされることとなった．まず参加金融機関については，2013年4月から12月までの貸出データに基づき，中小企業向け融資については増加額の10倍までの，その他への貸出の増加額についてはそれと同額までのTBの借入が可能とされ，その手数料も一律に0.25％とされた．ここにおいてFLSは，中小企業向け貸出重視の方針が明確に打ち出されることとなった．なお，この借入枠については第2パートにおける当初借入枠（IBA）とされた．

　ところで，現時点の BOE の総裁は，カーニー総裁であり，その就任は 2013 年 7 月のことである．カーニー総裁は，イングランド銀行の 300 年以上の歴史において初めての外国人総裁（カナダ人：現在は英国籍）であることで注目を集めたわけであるが，その就任後において，長期間にわたり政策金利の変更も APF による資産買入上限の変更も行われなかった．

　FLS については，実施期間 1 年延長は，キング前総裁時代に決定されていた事項であるが，制度のマイナーチェンジが実施された時点の総裁はカーニー氏であった．なお，カーニー総裁就任後の 2014 年 12 月には，FLS の実施期間のさらに 1 年の延長（2016 年 1 月まで）が決定され，さらに若干の制度変更がなされた．

　これが FLS の第 2 パートにおける追加借入枠（ABA）についての規定であるが，参加金融機関は，2014 年 1 月から 12 月までの貸出データに基づき，中小企業向け融資については増加額の 5 倍までの，その他への貸出の増加額についてはそれと同額までの TB の借入が可能とされた．ここでも手数料率は一律に 0.25% とされた．なお，ここで注目されるのは，家計向けの貸出が対象外とされたことである．また，2013 年においてはノンバンク金融機関（NBCP）向けの貸出についても対象とされ，そこにおいては住宅金融関連のノンバンクのものも対象とされていた．

　これに加えて，2015 年 1 月以降における制度設計においては中小企業向け貸出を促進する意図から，再追加借入枠（FBA）についても規定された．その内容は，2015 年 1 月以降の貸出増加額に関連しては，中小企業向け融資については増加額の 5 倍までの，NBCP 向けの貸出の増加額についてはそれと同額までの TB の借入が可能

とするものであった．ただし，NBCP向けの貸出については住宅金融関係のノンバンク向けのものは対象外とされた．

　このような制度改正には，BOEがイギリスにおける住宅価格の上昇に警戒感を持つようになってきていたことが影響している．このためBOEにおいては，住宅ローンの増加については，これを抑制すべきであるとの見解に達したのであった．BOE内部の新健全性監督機関である金融監督委員会（FPC）は，2014年10月に住宅ローン規制のための新たな権限が与えられるべきであり，住宅ローンについての新規の規制を導入することを検討するという声明を発表した．具体的には，FPCはBOEの子会社である健全性監督機構（PRA）および独立当局としての金融行為機構（FCA）に対し，住宅ローンにおいて住宅価格対比の住宅ローン供与額（LTV）の上限や収入対比の債務残高（LTI）の上限に対する規制を定め，これを指令する法令上の権限を有するべきであるとのものである．金融政策の舵取りは，リスク管理との関連でも難しい課題を突き付けられてきていたのであった．

　FLSの第2パートにおける実績もまた芳しいものではなかった．まず，全体的なTBの借入枠からみると，2013年4月から12月までの貸出増加額から計算される当初借入枠（IBA）については，367.72億ポンドとなった．このIBAは，2015年初時点においては，参加金融機関の増加もあり387.71億ポンドとなった．

　また，2014年中の貸出増加額に対応して計算される追加借入枠（ABA）については，後述するように貸出額が増加した金融機関が少なかったことおよび家計向け貸出が対象外とされたことから103.62億ポンドと大きく減少し，2015年中を加えても122.27億ポ

表2-2　TB引出額および貸出純増額（第2パート）

(単位：100万ポンド)

	貸出残高（非金融企業・ノンバンク金融機関				TB引出額	
	計	大企業	中小企業	ノンバンク	（計）2015.3.31	
2013.12.31	248,012	138,278	109,311	422	69,459	IBA（①）
	貸出純増額				TB引出額	38,771
2014Q1	−2,571	−2,095	−659	−183	2,012	ABA（②）
2014Q2	−3,684	−3,435	−237	−22	3,243	12,227
2014Q3	−2,333	−2,248	−4	−81	1,957	FBA（③）
2014Q4	−6,802	−6,251	−729	178	8,441	18,605
2015Q1	741		721	20	3,073	①+②+③
2015Q2	495		559	−64	5,059	69,603
2015Q3	784		755	29	2,446	
2015Q4	463		599	−136	6,348	
					（計）32,579	

[出所] Bank of England

ンドとなった．さらに2015年における貸出増加額に対応して計算される再追加借入枠（FBA）は186.05億ポンドとなった．

　ここにおける大きな問題点は，2014年中の参加金融機関の貸出額がマイナスとなっていることであり，その減少額は158.18億ポンドとなっている．その内訳をみるならば，大企業向けの減少幅が140.87億ポンドと大きいものの，政策目的としている中小企業向け融資もまた19.866億ポンドの減少となっており，制度の失敗が明らかとなっている．もっとも2015年においては，借入枠の計算から大企業融資増加額が除かれ，中小企業融資等は若干の増加に転じたが，制度が成功したとは言い難い状況であった（表2-2）．

　実際に，2014年中のネットのTBの借入額については，156.63億

ポンドにとどまり，2015年中のそれも169.26億ポンドとほぼ同水準であった．

　結局，BOEは2015年11月に2016年から2年間でFLSを段階的に終了することを発表した．具体的には，借入枠を半年毎に25%削減し，2年後にはゼロとするというものである．もっとも2015年末時点で全体でみるならば借入枠は50%以下しか使用されていないわけであり，通常は1年間は何の影響もないものであろう．なお，詳しくは第3章，第4章において述べることとするが，2016年6月のイギリスのEU離脱を問う国民投票の結果が「離脱」となったことによる経済的な混乱に対処することを意図してBOEは金融緩和パッケージを同年8月に発表したが，そのパッケージのなかに新たな貸出促進策としてのターム・ファンディング・スキーム（TFS）が盛り込まれた．だだし，このTFSは，FLSがBOE本体が行った政策であった一方で，子会社のAPFが担当した政策であったり，TBの貸出といういわば間接的なスキームであったのに対し，APFが直接的に貸出すという直接的な方式であるといった相違点がある．なお，その際にFLSの借入枠が残存する金融機関については，この枠をTFSに振り替えることが可能とされた．それはともかくとして，総体としてのFLSは当初目的としての貸出促進，途中で重視されるようになった中企業向貸出の促進といった政策目的についても達成したとは言い難い状態で制度が終了せざるをえなかったと評価できるであろう．

4 大手行の動向

2014年には全体としての貸出額が減少しているにもかかわらず,TBの借入枠が増加している.それはなぜかといえば,貸出額が減少している金融機関については借入枠がゼロである一方,増加している金融機関が存在し(これに新規加入の金融機関も加わる),それらの借入枠が拡大しているからである.その意味では,個別行毎の分析が重要である.以下では大手行について個別に係数を追うこととしたいが,それはイギリスの金融制度においては大手行の動向が全体の動向を大きく左右するからである.

ここでイギリスの金融制度について簡単に解説すると,19世紀後半にイギリスの銀行業においては銀行合同運動が進展し,1910年代にはビッグファイブ体制となった.1968年にはビッグファイブのうちの2行が合併して,バークレイズ,ロイズ,ミッドランド,ナショナル・ウェストミンスターのビッグフォー体制となった.さらにそれらはかつてはペイメント・システムを独占しており,ロンドン手形交換所加盟銀行(クリアリングバンク)とも呼ばれていた.

1990代以降,それらに大きな変化がおき,金融危機はさらなる再編を不可避とした.1920年代には世界最大の銀行であったミッドランド銀行は業績低迷から1992年に香港上海銀行(HSBC)グループの一員となり,1999年にはイギリス国内銀行部門の商号もミッドランド銀行からもHSBC銀行となった.また,ナショナル・ウェストミンスター銀行は,2000年に買収合戦の結果,ロイヤル・バンク・オブ・スコットランド(RBS)グループ傘下となった.一方,

1990 年代において業績が好調であったロイズ銀行は，1995 年には貯蓄金融機関が前身である TSB と合併し，ロイズ TSB グループとなった．バークレイズ銀行は，2000 年に住宅金融組合から銀行に転換したウールウィッチを吸収合併した．ナショナル・ウェストミンスター銀行の買収戦に参加したスコットランド銀行（BOS）は，2001 年にかつての住宅金融組合最大手で銀行に転換したハリファックスと合併し HBOS グループを形成した．

　2007 年以降の金融危機は，イギリスの金融システムをさらに変化させた．2008 年には RBS が経営悪化により実質国有化された．また同年には，経営の悪化した HBOS がロイズ TSB に吸収合併されたが（ロイズ BG に），翌年にはそのロイズ BG が実質国有化された．なお，バークレイズは 2008 年にリーマン・ブラザーズの吸収合併の相手として有力であったが，結局，解体後の同社の北米部門を買収した．

　以上のビッグフォーの他に重要な金融機関としては，住宅金融組合から最も早く銀行へ転換したアビーナショナル（転換前は業界 2 位）を 2004 年に買収したサンタンデール（スペイン系）と大手住宅金融組合では唯一銀行に転換せずに相互組織形態でいるネーションワイド住宅金融組合がある．以下では，大手金融機関の FLS の利用状況と貸出の状況について個別にみていくこととする．

⑴　バークレイズ

　前に述べたとおりビッグフォーのうちの HSBC は，FLS にそもそも参加していない．そしてバークレイズは FLS の第 1 パートには参加したものの，第 2 パートの参加は見送った．この両行は，

2016 年の貸出促進策のターム・ファンディング・スキーム（TFS）への参加を見送っている.

したがってバークレイズについては，第 1 パートにおける FLS の利用状況をみるしかないわけであるが，2012 年 6 月末時点の貸出残高は 1882.09 億ポンドであるのに対し，TB の引出額は 120 億ポンドと参加金融機関中で最大の引出額となっており，残高対比で 6.4％の引出となっている（表 2-3）．貸出についても 4.3％増とロイズや RBS に比べれば高い伸びとなっている．そのバークレイズがなぜ FLS の第 2 パートに参加しなかったは，必ずしも明らかではないが，家計向け融資が対象外となったことが大きいのではないと推察される.

(2) ロイズ BG

ロイズ BG は，2009 年に公的資金の注入を受け，実質上国有化された．これは同年に吸収合併した HBOS（住宅金融最大手のハリファックスとスコットランド銀行が合併）の業績が悪かったのが，その大きな原因である．公的資金注入後のロイズ BG は，店舗および人員の削減に取り組んできている.

そのロイズ BG の第 1 パートにおける FLS の利用状況をみると，2012 年 6 月末時点の貸出残高は 4432.25 億ポンドであるのに対し，TB の引出額は 101.5 億ポンドとなっており，残高対比で 2.32％の引出となっている．この間の貸出については 0.5％増と低い伸びに留まっている（表 2-4 ①）.

ロイズ BG は FLS の第 2 パートにも参加しているわけであるが，2014 年中の貸出は 91.09 億ポンド減少した．その大きな要因は，大

企業向けの貸出が 105.70 億ポンドと大きく減少したことであるが，中小企業向け貸出については 12.27 億ポンドの増加となっている．2013 年 4 月から 12 月末までの貸出の増加額（家計部門への貸出も含まれる）から計算される IBA は，159.96 億ポンドであり，2014 年中の実際の TB 引出額は 100 億ポンドであった．しかしながら 2014 年中の貸出増加額から計算される ABA は，大企業向け貸出が減少したことおよび家計向け貸出が計算に入らないことからゼロとなっている．さらに 2015 年中の貸出増加額（中小企業向けおよび NBCP 向け増加額）から計算される FBA は，71.79 億ポンドとなっており，引出実績は第 1 四半期はゼロとなっていたが，年間では 121 億ポンドと若干ではあるが前年よりは増加した（**表 2-4 ②**）．このロイズ BG の FLS の利用実績は，大手行の中では大きなものとなっており，これは他行との比較により明確なものとなっている．

⑶　RBS

2000 年にスコットランドの銀行同士の買収合戦の結果，小が大を飲むかたちでビッグフォーのひとつであったナショナル・ウェストミンスター銀行を買収した RBS は，その後，急拡大路線を突っ走ることとなった．この拡大路線は裏目に出て，投資銀行部門のアメリカの CDO 等の証券化商品への深い関与や，2007 年秋の危機が顕在化した時期のオランダの ABN アムロの買収が危機をさらに増幅した．RBS は，2008 年秋に 200 億ポンドの政府出資を受け入れ実質国有化され，その後も政府出資は拡大し総額 452 億ポンドとなった．

このような RBS は，資産圧縮を進めなければならず，積極的な

融資拡大は行えない状況にある．RBS の第 1 パートにおける FLS の利用状況をみると，2012 年 6 月末時点の貸出残高は 2147.93 億ポンドであるのに対し，TB の引出額はネットでゼロである．この間の貸出については 4.1％の減少となっているのである（表 2-5 ①）．

　ロイズ BG と同様に実質国有化されている RBS は FLS の第 2 パートにも参加せざるをえなかった．このこと自体が FLS の限界を表してるのかもしれないが，それはさておき同行の 2014 年中の貸出は 50.95 億ポンド減少した．大企業向けの貸出が 23.75 億ポンド，中小企業向け貸出についても 24.50 億ポンドの減少となった．2013 年 4 月から 12 月末までの貸出の増加額（家計部門への貸出も含まれる）から計算される IBA も，2014 年中の貸出増加額から計算される ABA も共にゼロとなっている．2015 年においても RBS の貸出は減少しており，中小企業向けおよび NBCP 向け増加額から計算される FBA についてもゼロとなっており，引出実績もゼロとなっている．RBS は，FLS に参加はしているものの，それはいわば名目上のものであり利用実績はほとんどゼロという状況なのであった（表 2-5 ②）．

(4)　サンタンデール

　サンタンデールの前身は，アビーナショナルであった．アビーナショナルは，かつての業界第 2 位の住宅金融組合であり，1986 年住宅金融組合法で認められた銀行（株式会社）への転換規定を業界で初めて利用し，1989 年に銀行に転換した．同行は，転換後も企業向け融資に積極的に取り組むことはせずに（商業用不動産融資は展開したが失敗してすぐに撤退した）資産側では住宅ローン中心の経営を行って

きていた．そのアビーナショナルを 2004 年に買収したのがスペイ
ンのサンタンデールであり，リテール・バンキング分野のイギリス
の大手金融機関が買収される初のクロスボーダーＭ＆Ａとして注目
を集めた．ただ買収後も住宅ローン中心の経営姿勢には変化はなか
った．

　このことは，同行の家計向け融資を含む 2012 年 6 月末の貸出残
高が 1883.20 億ポンドであるのに対し，家計向け融資を含まない
2013 年 12 月末の貸出残高が 250.56 億ポンドであることによって
も確認できる．

　サンタンデールの FLS の第 1 パートにおける TB の引出額は
2012 年の第 3 四半期においては 10 億ポンドの引出があったものの，
2013 年の第 2 四半期には 9 億ポンドが返済されており，ネットの
引出額は 1 億ポンドとなった．この間において貸出残高は 7.4% 減
少している（表 2-6 ①）．このため FLS の第 2 パートにおける IBA は
ゼロであるが，2014 年中の貸出増（家計向け融資を除いて計算される）
に基づく ABA については中小企業向け貸出が伸びたことを反映し
て 24.07 億ポンド，FBA についても 7.80 億ポンドとなったが，TB
の引出については 2014 年中に 21.75 億ポンドとなり，それなりの
枠消化が行われたものの，2015 年中の引出額についてはゼロとな
った（表 2-6 ②）．

⑸　ネーションワイド住宅金融組合

　1990 年代にはかつてイギリスにおいて住宅金融をほぼ独占的に
供給してきた相互組織の貯蓄金融機関である住宅金融組合に大きな
変化が生じた．それは大手の住宅金融組合の銀行（株式会社）転換ラ

表 2-3　FLS の TB 引出額と貸出純増額（第 1 パート：バークレイズ）

（単位：100 万ポンド）

	貸出純増額（家計・非金融企業向け）（4 半期ベース）						貸出純増額（計）	
	2012Q3	2012Q4	2013Q1	2013Q2	2013Q3	2013Q4	金額（B）	(B)/(A) %
基準時貸出額 (2012.6.30)（A） 188,209	3,803	1,898	1,123	668	−822	1,443	8,103	4.3%
	TB 引出額（ネット）（4 半期ベース）						TB 引出額 (2013.12.31)	
	1,000	5,000	—	—	—	6,000	12,000	

[出所] Bank of England

表 2-4①　FLS の TB 引出額と貸出純増額（第 1 パート：ロイズ BG）

（単位：100 万ポンド）

	貸出純増額（家計・非金融企業向け）（4 半期ベース）						貸出純増額（計）	
	2012Q3	2012Q4	2013Q1	2013Q2	2013Q3	2013Q4	金額（B）	(B)/(A) %
基準時貸出額 (2012.6.30)（A） 443,255	−2,508	−3,100	−930	1,333	3,143	487	2,126	0.5%
	TB 引出額（ネット）（4 半期ベース）						TB 引出額 (2013.12.31)	
	1,000	2,000	—	—	3,000	—	10,150	

[出所] Bank of England

表 2-5①　FLS の TB 引出額と貸出純増額（第 1 パート：RBS）

（単位：100 万ポンド）

	貸出純増額（家計・非金融企業向け）（4 半期ベース）						貸出純増額（計）	
	2012Q3	2012Q4	2013Q1	2013Q2	2013Q3	2013Q4	金額（B）	(B)/(A) %
基準時貸出額 (2012.6.30)（A） 214,793	−677	−1,681	−1,620	−2,793	245	−2,303	−8,830	−4.1%
	TB 引出額（ネット）（4 半期ベース）						TB 引出額 (2013.12.31)	
	750					−750	—	

[出所] Bank of England

表 2-6① FLS の TB 引出額と貸出純増額（第1パート：サンタンデール）

（単位：100 万ポンド）

基準時貸出額 (2012.6.30) (A)	貸出純増額（家計・非金融企業向け）（4 半期ベース）						貸出純増額（計）	
	2012Q3	2012Q4	2013Q1	2013Q2	2013Q3	2013Q4	金　額 (B)	(B)/(A) %
188,320	−3,513	−2,851	−2,293	−1,768	−2,137	−1,390	−13,952	−7.4%
	TB 引出額（ネット）（4 半期ベース）						TB 引出額 (2013.12.31)	
	1,000			−900		—	100	

[出所] Bank of England

表 2-7① FLS の TB 引出額と貸出純増額（第1パート：ネーションワイド BS）

（単位：100 万ポンド）

基準時貸出額 (2012.6.30) (A)	貸出純増額（家計・非金融企業向け）（4 半期ベース）						貸出純増額（計）	
	2012Q3	2012Q4	2013Q1	2013Q2	2013Q3	2013Q4	金　額 (B)	(B)/(A) %
152,155	1,834	1,766	1,192	2,261	2,724	1,988	11,766	7.7%
	TB 引出額（ネット）（4 半期ベース）						TB 引出額 (2013.12.31)	
	510	1,500	500	—	—	6,000	8,510	

[出所] Bank of England

表2-4② TB引出額および貸出純増額（第2パート：ロイズBG）

(単位　100万ポンド)

	貸出残高（非金融企業・ノンバンク金融機関				TB引出額	
	計	大企業	中小企業	ノンバンク	(計)2015.3.31	
2013.12.31	93,441	64,055	29,159	238	32,100	IBA（①）
	貸出純増額				TB引出額	15,996
2014Q1	−2,039	−2,730	536	154	2,000	ABA（②）
2014Q2	−2,078	−2,446	384	−16	2,000	0
2014Q3	−979	−1,195	304	−88	—	FBA（③）
2014Q4	−4,103	−4,199	2	184	6,000	7,179
2015Q1	409		425	−15	—	①+②+③
2015Q2	483		527	−43	4,000	23,175
2015Q3	313		275	37	2,000	
2015Q4	138		232	−94	6,100	
					(Total) 22,100	

[出所] Bank of England

表2-5② TB引出額および貸出純増額（第2パート：RBS）

(単位　100万ポンド)

	貸出残高（非金融企業・ノンバンク金融機関				TB引出額	
	計	大企業	中小企業	ノンバンク	(計)2015.3.31	
2013.12.31	89,101	46,020	42,924	158	—	IBA（①）
	貸出純増額				TB引出額	0
2014Q1	63	774	−737	26	—	ABA（②）
2014Q2	−1,500	−1,129	−360	−11	—	0
2014Q3	−1,375	−1,215	−165	5	—	FBA（③）
2014Q4	−2,280	−1,696	−567	−17	—	628
2015Q1	136		107	29	—	①+②+③
2015Q2	−291		−266	−25	—	628
2015Q3	276		290	−14	—	
2015Q4	−244		−185	−59	—	
					(Total) —	

[出所] Bank of England

表 2-6 ②　TB 引出額および貸出純増額（第 2 パート・サンタンデール）

(単位　100 万ポンド)

| | 貸出残高（非金融企業・ノンバンク金融機関） | | | | TB 引出額 | |
	計	大企業	中小企業	ノンバンク	(計)2015.3.31	
2013.12.31	25,056	16,435	8,619	2	2,175	IBA（①）
	貸出純増額				TB 引出額	0
2014Q1	132	−49	179	2	—	ABA（②）
2014Q2	244	112	131	—	500	2,407
2014Q3	332	216	115	—	800	FBA（③）
2014Q4	−335	−418	83	—	875	780
2015Q1	47		47	1	—	①+②+③
2015Q2	97		96	—	—	3,187
2015Q3	−14		−15	2	—	
2015Q4	31		27	4	—	
					(Total)2,175	

[出所] Bank of England

表 2-7 ②　TB 引出額および貸出純増額（第 2 パート：ネーションワイド BS）

(単位　100 万ポンド)

| | 貸出残高（非金融企業・ノンバンク金融機関） | | | | TB 引出額 | |
	計	大企業	中小企業	ノンバンク	(計)2015.3.31	
2013.12.31	16,030	7,771	8,260	—	8,510	IBA（①）
	貸出純増額				TB 引出額	0
2014Q1	−472	−66	−406	—	—	ABA（②）
2014Q2	−364	137	−501	—	—	0
2014Q3	−482	−191	−290	—	—	FBA（③）
2014Q4	−511	−177	−333	—	—	0
2015Q1	−325		−325	—	—	①+②+③
2015Q2	−279		−279	—	—	0
2015Q3	−216		−216	—	—	
2015Q4	−177		−177	—	—	
					(Total)　—	

[出所] Bank of England

ッシュである．その理由は，住宅金融組合に課せられる大口の市場性資金の調達制限を嫌ったということもあるが，相互組織の住宅金融組合が株式会社組織の銀行に転換される際に会員に分配される株式が魅力的であり，多くの会員が銀行転換を望んだことも大きかった．ネーションワイド住宅金融組合は，大手の中で唯一銀行転換を行わなかった住宅金融組合であり，結果として業界トップとなった．

同組合は，住宅ローン業務が中心であり，このことは家計向け融資を含む 2012 年 6 月末の貸出残高が 1521.55 億ポンドであるのに対し，家計向け融資を含まない 2013 年 12 月末の貸出残高が 160.30 億ポンドであることからも確認できる．

ネーションワイドの FLS の第 1 パートにおける TB の引出額は 85.10 億ポンドであり，2012 年 6 月末の貸出残高対比で 5.9％の引出が行われている．これは家計向け中心に貸出額が 7.7％増となったことを反映している（**表 2-7 ①**）．

ところがネーションワイドの 2013 年 4 月から 12 月末までの家計向け貸出額は 83.91 億ポンド増加しているが，その一方で，中小企業向け貸出額は 15.30 億ポンド減少している．FLS の第 2 パートにおける IBA の計算においては，中小企業向け融資は減少の場合も 10 倍され計算されることから，同枠はゼロとなり，TB の引出も行われていない．2014 年中の中小企業向け貸出残高も 15.30 億ポンド減少しているた ABA もゼロで，2015 年中の中小企業向け貸出残高も 9.97 億ポンド減少しており FBA もゼロとなり，枠がないから当然ではあるが実際の TB の引出も行われていない（**表 2-7 ②**）．

以上の大手行の動向の分析をまとめるならば，FLS にはそのそもビッグフォーのうちの HSBC が参加しておらず，バークレイズも

その第1パートにしか参加していない．大手のなかではロイズDG
が比較的利用が多かったものの，貸出を縮小せざるをえない状況に
あるRBSはほとんど利用がない状況となった．さらには住宅金融
組合のネーションワイドや旧住宅金融組合であるサンタンデールは，
基本的に中小企業融資には熱心でないということがあった．結局，
FLSは，その政策目的の達成には貢献できずに，貸出増，とりわけ
中小企業向け貸出の増加には寄与してこなかったことが確認できる
であろう．

5　FLSにより中小企業融資はなぜ増加しなかったのか？

　以上みたとおり，BOEの採用した貸出促進策としてのFLSは，
政策が意図した効果を挙げることができなかったと判断できる．
FLSはそもそも，量的緩和政策がそれほど大きな効果を発揮してこ
なかったことから，追加的な緩和政策として採用されたものである．
　BOEの採用した量的緩和政策は，これまでのところ大きな効果
を発揮したとは言い難い．この量的緩和政策の効果については，
BOEは当初はベースマネーの供給がマネーサプライ増につながり，
それが物価上昇，産出増につながるといった，非常に単純なマネタ
リスト的な説明を行っていた．しかしながらBOEによるベースマ
ネー供給によってマネーサプライが大きく増加するという事態は発
生しなかった．このためBOEは，量的緩和政策の効果の説明を，
BOEによる国債の大量購入が国債価格の上昇（金利低下）をもたら
すことや，購入相手の年金基金等が売却により得た資金（預金）に

より高利回りの債券等を購入することによる景気刺激効果といった限定的な効果しかないことを認める説明に変更した.

　企業向けの貸出が量的緩和により増加しないのは,そもそもそれがリザーブが制約要因となったがゆえに増加しなかったわけではないから当然であるといえる. そこで補完的に登場してきたのが貸出促進策としてのFLSということであろうが,そこにおける金融機関にとってのわずかな調達コストの低下は,あまりポジティブな効果を発揮してこなかったということであろう. それは政策金利の低下がそれほどポジティブな効果を発揮してこなかったわけであるから,ある意味で当然であるといえるかもしれない. さらに,政策金利が0.5%の水準に張り付いて以降も,銀行の資金調達コストは低下してはいるが,それが貸出増には結び付いていないのである（図2-2）.

　銀行部門や金融市場の機能が低下する中で,企業金融の円滑化を図るという目的は達成されなかったわけであるが,FLSの第2パートが目標とした中小企業金融の促進という目的はなぜ達成されなかったのであろうか. それは基本的には中小企業の資金需要の弱さに原因があるといってよいだろう.

　イギリスにおける中小企業の資金調達に関連しては,1931年に公表された『マクミラン委員会報告』が指摘した「マクミラン・ギャップ」が有名である. その内容は,「中小企業は,証券市場へのアクセスが非常に難しい状態にある」というものであった. 同報告は,中小企業の資金調達が不利になっていることから,このギャップを埋めるような特殊金融機関の設立を提言した. この提言は,一応は1945年に商工業金融公社が設立されたことにより実現されたが,

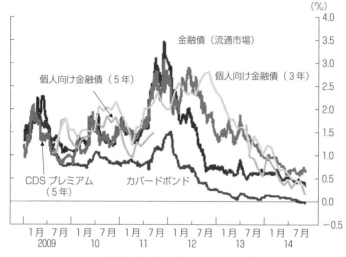

図 2-2　英銀の資金調達（対国債）スプレッド

[出所] Beau et al. [2014: 12]

同公社の活動はそれほど大きなものとはならず，1983 年にベンチャーキャピタルの 3i に転換した．

　なお，融資保証については，1981 年に「小規模企業融資保証制度（SFLGS）」が貿易産業省により実施され，それが 2000 年に設立されたスモール・ビジネス・サービス（SBS）により運営されてきている．そして金融危機後においては，2014 年 11 月に「英国ビジネス銀行」が業務を開始したが，その分析について本章においては行うことはしない．しかしながら，結局，中小企業は，その資金調達において銀行融資に頼るしかない状況が継続してきたし，「マクミラン・ギャップ」は今日まで解消していないといえるであろう．

　このような状況下で，中央銀行による貸出促進策がとられたにも

表 2-8　銀行融資の部門別エクスポージャー

(単位：10 億ポンド)

	エクスポージャー (%)	調査時 問題融資額	2013 年末 問題融資額
家計 (1)	5-8	903	1,043
商業用不動産 (2)	35	153	188
レバレッジローン (3)	28	35	n.a
中小企業 (CRE 融資を除く) (4)	14	81	122

[注] 1. 2012 年 6 月時点調査
　　 2. 2011 年 6 月時点調査
　　 3. 2011 年 12 月時点調査
　　 4. 2013 年 3 月時点調査
[出所] Allowsmith et al. [2013] p.298.

かかわらず，銀行の中小企業向け融資が拡大しなかったのは，基本的には健全な資金需要が多くなかったということが挙げられるであろう．BOE の調査（2013 年 3 月）によれば，大銀行の中小企業顧客の6％について返済条件の変更等が行われており，それが中小企業向け融資のエクスポージャーの 14％となっているということである（表 2-8）．この割合自体は大きなものではなく，同調査によれば金利上昇による返済不能も銀行として対応可能なレベルであると考えているとのことである（表 2-9）[5]．そうするとここでも考えられるのは，中小企業の健全な資金需要の弱さということになる．

　そもそもイギリスの銀行融資は，家計部門向けがその中心の位置を占めている．これは銀行の中に住宅金融組合からの転換したものが多いことも影響しているが，大銀行の貸出をみるならば，非銀行民間企業部門への貸出は，家計向け貸出の 3 分の 1 以下となっているのである．これは**表 2-1** の家計部門を含んだ貸出残高（約 1 兆4000 億ポンド：2013 年 6 月 30 日時点）と**表 2-2** の家計部門を含まない

表 2-9　金利上昇時の中小企業融資の不良化

(%)

金利上昇幅	12 ヶ月以内に貸倒となる可能性のある顧客		
	要注意先（現在）	正常先	全体
0	2.7	0.5	0.6
0.5	2.9	0.5	0.6
1	5.9	0.8	1.1
2	13.7	1.6	2.3
4	25.5	3.3	4.7

[出所] Allowsmith et al. [2013: 300]

非金融企業及びノンバンク向けの貸出残高（約 2500 億ポンド：2013 年 12 月 31 日時点）の差が非常に大きいことでも確認できるであろう．そして中小企業向け貸出においても，製造業の割合は非常に低く，一方で商業用不動産融資の割合が高くなっている．金融危機後においては，商業用不動産融資のリスクが高いものとなっていることも，中小企業向け融資が伸びないひとつの原因でもあろう．

　もちろん金融危機後において銀行のリスクテイク能力が低下しているということは考えられる．自己資本比率規制の強化（バーゼルⅢ）が，その傾向をさらに増幅していることも考えられなくはない．しかしながら銀行は，健全な資金需要があればそれには通常応じるものであり，そこから得られる利益により自己資本比率を向上させることができる．このことは，「貸し渋り批判」を背景として設立された，日本振興銀行や新銀行東京の失敗が教訓的である．健全ではない資金需要に応じた銀行は失敗したのである．

　そうすると問題は，イギリスにおいて，企業部門，とりわけ中小企業部門の資金需要がなぜ弱いのかということとなる．これは突き

詰めれば，イギリスの産業構造そのものの問題ということになろう
し，「ものづくり」軽視の悪影響，「金融立国路線」の限界といった
ものを指摘せざるをえないことになろう．

　金融機関の資金調達コストを低下させることにより貸出を促進さ
せることを狙ったFLSは，当初想定していた効果を発揮せず，当
初期間を延長する度にその意義が不明となり，マイナーチェンジに
より中小企業融資促進を狙ったがこれもまた実現しなかった．金融
政策は，通常は特定の政策目的をもって特定の分野に資金を配分す
ることには禁欲的であるべきである．それは，経済政策のうちでも
財政政策が担当すべき分野であるからである．FLSの失敗は，非伝
統的金融政策の難しさとともに，金融政策の守備範囲とは何かにつ
いての再検討をも要請しているように思われる．

おわりに

　政策金利がゼロ近傍となって以降の追加的な金融緩和措置は，非
伝統的金融政策と呼ばれる．それは大きくは，① 量的緩和政策，
② 信用緩和政策，③ フォワードガイダンスに分類することができる．
そもそも金融緩和政策には，政策金利の低下に他の経済主体が本当
に反応するかどうか分からないという不確定性の問題が存在する．
そして，非伝統的金融政策には，通常の金融緩和政策以上に不確定
性が存在するといってよい．近年の経験は，単純な① 量的緩和政策
には効果がないこと，特定の市場の混乱時には② 信用政策は効果
があること，③ フォワードガイダンスには，イールドカーブをフラ

ット化させる若干の効果があることを明らかにしている.

　BOE が行ってきている FLS は, ② 信用緩和政策の変種とみなすことが可能であろう. そしてそれはこれまでのところ効果を発揮してこなかったわけであるが, それはマーケットからそのようなものが必ずしも要請されていたわけではないことが, そのひとつの理由であろう. 日本銀行も, FLS に類似した「貸出増加を支援するための資金供給」を 2012 年 12 月から開始しているが, それが大きな効果を発揮しているようには思えない. また, 2010 年 6 月からは,「成長基盤を強化するための資金供給」という, FLS の第 2 ステージ的な, 若干資金配分への介入色のある制度を開始したが, その効果も大きなものではない.

　繰り返しになるが, 金融政策は個別の資金配分への介入は本来避けるべきであるというのが伝統的な金融政策における考え方である. また, 資金需要がないところへ, 無理な貸出促進策を導入しても効果はないであろう. それでも BOE や日本銀行が, このような政策を導入したのは, 大規模資産購入 (LSAP) の効果はそれほど大きなものではないことが, その理由であろう. 中央銀行の外部からは, 金融緩和への圧力が大きい時期に, LSAP 以外の施策として考え出されたものではあろうが, 実験的にはやってみたものの失敗したというのが実際のところであろう. あるいは, 失敗は織り込み済みで, アナウンスメント効果しか当初から狙っていなかったという評価も可能かもしれない.

注

　1) この点について詳しくは斉藤 [2014] の第 3 章を参照.

2）BOE による量的緩和政策の効果の説明については，McLeay et al.［2014b］を参照．同論文は，ベースマネー供給がマネーサプライ増となるという貨幣乗数アプローチを完全否定している点でも注目される．詳しくは第1章を参照．

3）King［2012］を参照．

4）BOE のスタッフによる FLS の解説としては，Churm et al.［2012］がある．

5）Arrowsmith et al.［2013］を参照．

第3章

イングランド銀行の量的緩和からの出口政策について

は じ め に
──主要中央銀行の金融政策の現段階──

　本章のテーマは，イングランド銀行（BOE）が 2009 年 3 月以来採用している非伝統的金融政策である量的緩和政策からの出口をどのように構想しているのかというものである．非伝統的金融政策とは，いわば危機モードの金融政策であり，伝統的な通常時の金融政策としての短期金利の操作が，緩和方向においてゼロ金利制約に到達したことから採用された政策であった．当然のことながら，この政策は危機が終了したのであれば平時モードのそれに戻らなくてはならないものであり，それがいわゆる出口政策なのである．

　本章では，BOE の非伝統的金融政策が他の主要中央銀行のそれと如何に異なり，それと出口政策との関連性はどうであるかについて検討しようとするものであるが，その前に 2019 年夏時点における，主要中央銀行の金融政策の状況について確認することとしたい．

　まず，今次危機の震源地であったアメリカの中央銀行である連邦準備制度（FRB）は，主要 4 中央銀行の中で最も早く非伝統的金融政策である大規模資産購入（LSAP：外部においては通称「量的緩和（QE）」）を 2014 年 10 月に終了した．ただし，その後の利上げには慎重であり，2015 年 12 月になってようやく政策金利（FF レート）を 0-0.25％から 0.25-0.50％に引き上げた．ただし，その後の利上げには慎重であり，第 1 回目の引上げの 1 年後の 2016 年 12 月に同金利を 0.50-0.75％に引き上げた．そして，雇用情勢等の実体経済が比較的堅調であることから，2017 年 3 月に同金利を 0.75-1.00％へと引き上げた．2017 年以降は 2018 年 12 月まで計 5 回の引き上げを

行い，FF レートは 2.25-2.50％の水準となった．ここにおいて忘れられてはならないのは，超過準備への付利金利も引き上げられているということである．さらに 2017 年 10 月以降は，満期到来債券の再投資を行わずに，そのバランスシートの規模は縮小していきていた．しかしながら，2019 年以降においては，トランプ大統領からの圧力も影響してか利上げは行われずに，バランスシートの縮小もストップしていたが，ついに 7 月末に政策金利の 0.25％引下げが発表され（利下げは 2008 年以来のことである），緩和方向への転換がなされた．また利下げと同時に保有資産の縮小終了も決定され，従前の計画では 9 月末に終える予定であったのを 8 月 1 日に前倒しで終えることとされた．出口を完全に出る（超過準備保有が解消する状態）のが先進国中央銀行の中でも最も早いのではと予想されていた FRBにおいて超過準備保有が恒常化することが予想され，さらなる政策金利の引下げが確実視されている．さらに問題なのは，中央銀行の独立性についての意識の低い政治指導者の圧力により，金融政策の方向性がゆがめられていると多方面から受け取られていることであろう．

　次に，ユーロ圏の中央銀行であるヨーロッパ中央銀行（ECB）の動向を見るならば，2014 年 6 月にマイナス金利政策（預金ファシリティ金利：－0.1％）を導入し，同年 9 月にこれをさらに引き下げた（－0.2％）後に，2015 年 1 月に量的緩和政策（QE）の導入を決定し，3 月から実施した．なお，この時点では QE による買入れ額は月 600 億ユーロ，期間は 2016 年 3 月までとされていた．その後，預金ファシリティ金利は，2015 年 6 月および 2016 年 3 月に 2 度にわたり引き下げられ，－0.4％となった．この時点で中心的な政策金利で

あるメイン・リファイナンス・オペ金利は 0 ％とされた．2016 年3 月には政策金利の引下げも行われ，QE の買入れ額も月 800 億ユーロへと引き上げられた．しかしながら，2016 年 12 月には，この買入れ額を 2017 年 4 月から月 600 億ユーロへと引き下げ，さらに2017 年 10 月に月間 300 億ユーロ，2018 年 6 月に月間 150 億ユーロへ引き下げられた後に，QE 自体が 2018 年末をもって終了した．一方で，預金ファシリティ金利のマイナス金利の－0.4％，メイン・リファイナンス・オペ金利の 0 ％という水準は APP の減額，終了の過程においても変更されていない．また，満期到来債券の再投資は行われており，バランスシートの規模縮小は行われていない．ただし，ECB においても緩和方向への転換が意識されている（実際に2019 年末に量的緩和は再開され，預金ファシリティ金利は－0.5％に引き下げられた．）．

これらに対して，日本の中央銀行である日本銀行は，2013 年 4 月の「量的・質的緩和（QQE）」の導入後，2014 年 10 月に追加緩和策を発表し，さらには 2016 年 1 月には「マイナス金利付き量的・質的緩和」の導入を決定し，日銀当座預金の一部に対しマイナス金利（－0.1％）を導入することとした．そして，その 8 ヶ月後の 2016 年9 月には，それまでの政策の「総括的な検証」を公表し，これを踏まえて「長短金利操作付き量的・質的金融緩和」の導入を決定した．この際においても，国債等の資産買入れ額を減少させることはないとのメッセージを日本銀行はマーケットに対して発している．しかしながら，決定的に他の中央銀行と異なるのは，出口戦略への言及が皆無といってよいことである．このことが，日本銀行の将来的な財務の悪化への予想や，ヘリコプターマネー導入への疑念へとつな

がっているといってよいであろう.

　本章においては，以下で，FRB や ECB と比べて取り上げられることの少ない，イギリスの中央銀行である BOE が，その量的緩和政策からの出口を如何に構想してきたかについて検討し，それがイギリスの EU 離脱によりどのように変化してきたかについて，以下で検討することとしたい.

1　イングランド銀行の非伝統的金融政策の特徴

　まず，BOE が今次金融危機以降の事態への対応策として採用してきた金融政策とその特徴について簡単にみてみることとしたいが，これについては既に本書の第1章および第2章でも述べているため，他の中央銀行との相違を中心に簡単に述べることとしたい．BOE が非伝統的な金融政策としての量的緩和（QE）を採用したのは，2009 年 3 月のことであるが，その最大の特徴は資産の買い取りについては BOE の子会社である資産買取ファシリティ（APF）が行い，BOE は APF に資産買取のための資金を融資するという方式をとったということであった[1]．そしてその時点において，APF に将来的に損失が発生した場合においては，財政資金によりその穴埋めが行われるということが，政府と BOE の間で取り決めがなされていたということである．このことは，イギリスにおいては非伝統的金融政策の開始時において既にその出口が十分に意識されていたと考えられるであろう．通貨の発行主体である中央銀行のバランスシートの毀損については，十分な配慮が当初からなされていたということ

である．

　この他では，実際には大規模資産購入（LSAP）である QE について，毎月もしくは年間購入額を決定するという方式ではなしに，買取上限を決定し，その上限の引上げ（可能性としては引下げもありうる）を金融政策委員会（MPC）で決定するという方式としたことである．そしてこの上限に買入れ残高が達した場合には，満期到来の場合に減少した分を買い入れるのみということになるのである．実際 APF の資産購入限度は 2012 年 7 月に 3750 億ポンドに引き上げられたが，この上限については据え置かれたまま，2016 年のイギリスの EU からの離脱を問う国民投票の時期まで来たのであった．

　なお，BOE の量的緩和は，その購入国債が導入の当初から長期債の割合が高いことも，その特徴のひとつであるといえよう．これはイギリスの国債発行市場の特性が反映したものではあるが，であるからこそ量的緩和からの出口への意識が当初からあったということにもなろう．2013 年 7 月に就任した，マーク・カーニー総裁は，その翌月にフォワードガイダンスの導入を決定し，量的緩和は失業率が 7 ％を下回るまでは継続すると表明した．ただし，その導入時点では，失業率が 7 ％以上の場合でも緩和が継続されないノックアウト条項を公表するなど，どちらかといえば出口を見通した制度設計となっていたといえる．しかし，マーケットはアメリカより先に量的緩和の解除を行うとはみなしておらず，BOE は FRB の出口の出方を観察してから，出口を探るものとみなしていたといえよう．

　イギリスにおける失業率は，フォワードガイダンス導入後から低下傾向を続け，7 ％どころか直近では 5 ％を下回る水準となっている．これは EU 離脱派が主張していた「移民が雇用を奪っている」

という主張とは逆の事態ではあるが，それはともかくとして，それは量的緩和の出口を予想させるものとはなってこなかった．それは，インフレ率がターゲットレンジの下限（1％）を下回る時期が続いたからであり，そのような状況において引締め方向への政策転換は予想されなかったからである．そして低インフレの理由としては，日本と同様に失業率の低下が賃金上昇に結びついていないことがあり，この点についてはイギリスにおいても関心が持たれている[2]．それはともかくとして，BOE が導入したフォワードガイダンスは基本的に機能してこなかったといってよく，同様にインフレーション・ターゲティングについても近年においては，フレキシブルな運用という詭弁で防御せざるをえないような状況となっているといえるであろう．

　今次金融危機への対応策として BOE が採用した政策としては，拡大タームファシリティ（ECTR）等があるが，注目されるのは本書の第2章で詳しく見た証券貸出スキーム（FLS）である[3]．FLS は2012年7月に創設され，翌月より運用が開始された制度であるが，QE が必ずしも貸出の増加・マネーサプライの増加へとつながらなかったことから，貸出促進のために TB を低い手数料で銀行等に貸し出すという制度であった．TB を借り入れた銀行等は，これを担保に低金利の資金調達が可能となることから，そのファンディングコストの低下が貸出を促進するものとして導入されたわけである．銀行等のファンディングコストを削減するために，このようないわば間接的手段が採られるというのがイギリスらしいといえるかもしれないが，この制度は BOE と財務省の密接な連携の下で導入された．

　しかしながら，FLS は大手銀行が参加しなかったこともあり，その利用は一向に増加しなかった．FLS は，当初 2012 年 8 月から 2014 年 1 月までの制度とされていたが，効果が出ていないにもかかわらず期間の延長がなされ，2014 年 2 月からは，制度のマイナーチェンジが行われた．ここにおいては，中小企業向け融資について優遇される制度とされたが，これによっても制度利用は増加せず，結局，2015 年 11 月に制度を段階的に縮小し，2018 年 1 月をもって終了されることが発表された．FLS については，効果がないことがはっきりしたことから，出口を出たという結果となったといえるであろう．

　FLS についてはこのような形でいわば出口を出たわけであるが，それでは QE からの出口は如何に構想されてきたかというのが，次のテーマであるが，これについては次節で検討することとする．

2　　出口政策の構想と変化

　BOE の量的緩和からの出口政策については，『イングランド銀行四季報』に 2013 年 2 月に興味深い論文［McLaren and Smith 2013］が掲載されている．「APF と財務省の間の資金移動の概略」と題されたこの論文は，BOE がどのように出口を検討し，その不確実性についてもどのように考えているのかがわかる興味深いものであり，何よりもこのような論文が公表されているということが，日本との大きな違いであるといえよう．もちろん，論文公表時点は APF の購入資産残高が上限の 3750 億ポンドに達して少し経った時期であ

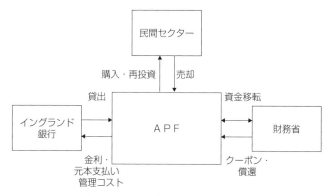

図 3-1 APF 関連のキャッシュフロー
[出所] McLaren and Smith [2013: 30]

り，その後において資産購入の上限は，2016 年 8 月まで変更される
ことはなかった．この時点では，出口がかなり意識されていたとい
ってよいのである．そして何よりも，イギリスの EU 離脱が想定さ
れてはいなかったのである．このようなことを考慮したうえで，以
下では同論文の内容を紹介しつつ，解説を行っていきたい．

　APF は，BOE の 100％子会社として 2009 年 1 月に設立された．
APF に関連する基本的な資金の流れは，**図 3-1** に示されていると
おりであるが，ここで注目されるのが，APF の設立時点において，
それに損失が発生した場合においては，財政負担となることとされ
ていた点である．もっともこのいい方は，若干不正確であり，利益
が出た場合においては，それは APF すなわち BOE の収入とはなら
ずに財政収入となるとされていたのである．そして，当初は APF
の収益ないし損失については，その解散時に一括清算がなされるこ
ととされていた．

それが 2012 年 11 月 9 日に，BOE（APF）と財務省の間で，収益または損失について四半期毎に資金移動がなされるように合意がなされたのである．これには，この時点において出口が意識されたことや相当に APF に金利収入が溜まってきたことが挙げられようが，このような決定が公表され，出口についてのこの時点における見通しや，考え得るリスクについてまで触れられている論文が公表されることは，金融政策の透明性の観点からは望ましいことであろう．

両者の合意の内容は，2013 年以降は APF から財務省へは四半期毎に収益が移転されるということであった．当然のことながら，APF に損失が生じたケースにおいては，資金の流れは逆方向とはなるわけである．APF の収入は，主として国債から得られる利子収入であり，これは親会社の BOE からの借入れにより購入しているわけであるが，これについては政策金利が適用されている．保有国債の平均利回りは，政策金利よりはかなり高く，こうして APF は利鞘収入を得ている．なお，APF は BOE に管理コストを支払っているが，これについては大きなものではない．また，これはすぐ後に詳しく検討するが，APF による国債購入は，そのほとんどがオーバーパーで行われており，償還時には償還損が発生する．さらには，将来的に政策金利が上昇し，国債の売却により BOE（APF）のバランスシートが縮小する際には，金利上昇により国債価格は低下することになり，APF には売却損が発生することがほぼ確実に予想される．

それはともかくとして，APF の創設以来，2012 年末までの APF の収益は，約 310 億ポンドであり，先の合意においては 2013 年に 9 回に分けて毎月財務省へと資金移転がなされることとされた．そ

して 2013 年以降においては，APF の四半期毎の期間損益が財務省との間で資金の移転がなされることとなったのであった．

　このような状況下で，APF の損益はどのような経路を辿るのかについての要因について，同論文は明らかにしている．まず第一は，政策金利が市場の予想よりも長期間，低位に据え置かれたままであったので，APF の利鞘収入が当初予想以上に膨らんできていることが指摘されている．第二は，APF による国債購入のほとんどがオーバーパーにより行われているということであり，償還時には償還損が発生せざるをえないこととなる．また，APF の保有国債の期間は，イギリスの国債市場の構造を反映して（詳しくは後述）非常に長く，出口においては満期まで保有するということでは，金融政策の正常化は長期間行えないこととなる．したがって，金融政策の正常化のためには，APF の保有国債の売却は不可避となってくる．その際には，イールドカーブが上方にシフトするであろうことから，国債の売却損は膨らむ一方，利息収入は減少し，BOE への支払利率は上昇するということがある．したがって，出口においてはこの APF の赤字補填のための財務省から APF への資金移動が必然化すると予想されている．

　同論文では，APF の損益が 2013 年以降にどのような経路を辿るかについてのシミュレーションを行っているわけであるが，まずはそこにおける前提からみてみることとする．① まずは，APF の資産残高はしばらくの間不変である（この前提はもうすでに崩れているが，それはこの時点では予想されていなかった）．② 資産売却による APF のバランスシートの縮小が開始される以前においては，国債の償還分について再投資がなされる．そして，資産売却開始後においては，

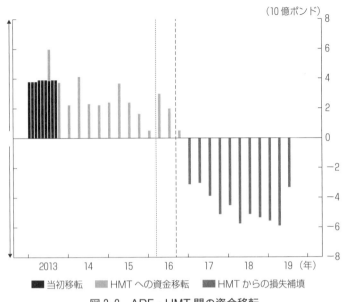

(10 億ポンド)

■ 当初移転　■ HMT への資金移転　■ HMT からの損失補填

図 3-2　APF・HMT 間の資金移転

[出所] McLaren and Smith [2013: 32]

償還額については BOE からの借入金の返済に回される．③ 政策金
利の将来予測については，当時のマーッケトの予想に従うこととし，
特に大きなサプライズは考慮しない（これまた，大きく異なる事態，す
なわちサプライズが 2016 年において発生したわけである）．④ 国債のイー
ルドカーブと政策金利の将来予測の差から成るタームプレミアムは，
2013 年 2 月末におけるデータから得られるものを使用する．

　以上のような前提の下において，APF の損益を予測したのが**図
3-2** である．そしてその結果，APF のバランスシートがどのように
変化するのかを予測したのが**図 3-3** である．まず第一に**図 3-2** にお
ける当初移転とされているのが，2013 年 3 月までに APF に蓄積さ

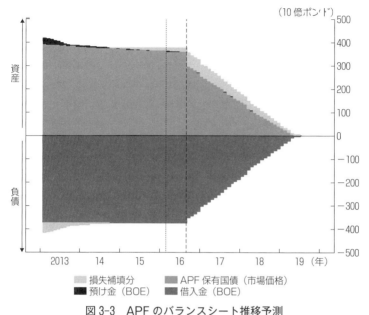

図 3-3　APF のバランスシート推移予測

[注] 点線は政策金利上昇開始時点，破線は資産売却開始時点
[出所] McLaren and Smith [2013: 33]

れる利益約 350 億ポンドが，APF から財務省に 9 ヶ月にわけて移転されるものであり，いわば確定部分である．これは**図 3-3** では最上部の濃い色の部分の資産減少分に当たる（対応負債も減少する）．

　2013 年 7 月からは，四半期ごとに BOE への金利支払・償還損・管理経費をマイナスしたネットの金利収入が APF から財務省へと移転される．なお，売却決定前の償還国債分については再投資されるが，ほとんどの国債がオーバーパーで購入されており，償還額は購入額を下回る．このため再投資額が不足することになるわけであるが，APF に現金がある場合はそれが使用されるが，そうでない

場合には財務省から補塡がなされる．たとえば2016年1月の財務省への資金移転を示す上部のバーが小さくなっている（図3-2）のは，そのような事情を反映したものである．

　同論文における想定としては，出口政策は，まずは政策金利の引上げから開始される．BREXIT後の状況はこの逆ではあるが，2016年3月頃に政策金利は0.75％引き上げられる．BOEからAPFへの貸出金利は政策金利が適用されるわけであるから，この時点でAPFの収益は悪化し，財務省への資金移転額は減少し始める．

　その後，これも現実とは異なるが，2016年9月にAPFの資産売却がアナウンスされるが，これにより国債のイールドカーブは上方に2％シフトすることが，メインシナリオとして予想されている．このことは国債価格が急激に値下がりするということであり，**図3-3**のAPF保有国債部分の2016年9月の急激な落ち込みは，このことを表している．そしてその後のAPFによる実際の売却により，資産は縮小していくが，償還損・売却損は増加し，財務省による補塡（図3-3の資産の損失補塡部分）は拡大する．これを**図3-2**でみるならば，2016年9月以降の下方へ延びるバーであるということになる．

　これをネットでみたのが**図3-4**（折線）であり，2013年以降はAPFから財務省への資金移転があったが，2016年以降は資金の流れは逆転する．そしてBOEの資産購入プログラムが終了する時点（2019年中頃：APFの解散時点）における，APFの最終的な損益は170億ポンドの収入超過であり，それだけの財政収入がAPFの活動によりもたらされることになるとされていたのである．

　当然のことながら，このようなシュミュレーションどおりに現実

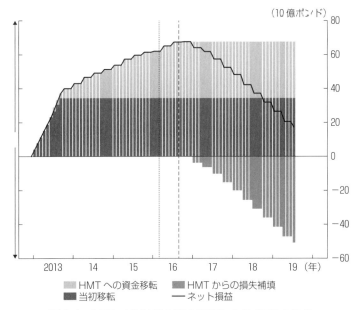

（10 億ポンド）

図 3-4　APF・HMT 間の資金移転および APF の損益
[注] 点線は政策金利上昇開始時点，破線は資産売却開始時点
[出所] McLaren and Smith [2013: 33]

が進行するということは，通常はありえないことであり，現に 2016
年 8 月には BOE は量的緩和の拡大を含む種々の追加的な金融緩和
策を発表し，詳しくは次節で述べるが，その多くは APF により執
行されることとされた．それはともかくとして，同論文の発表時点
においても，上記のメインシナリオ以外のルートについても検討さ
れるべきことは，当然に認識されていた．

　将来予測において難しいのが，APF による資産売却の発表が国
債のイールドカーブに与える影響であろう．『イングランド銀行四
季報』における過去の論文（Joyce et al. [2011]）においては，当初の

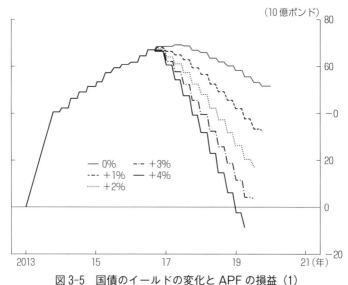

図 3-5　国債のイールドの変化と APF の損益（1）

[出所] McLaren and Smith [2013: 34]

APF による 2000 億ポンドの資産購入はイールドカーブを約 1 ％押し下げたとされている．同論文は，3750 億ポンドの資産購入はイールドカーブを 2 ％弱押し下げたと推計している．そして同論文執筆時点の国債価格は将来の資産売却を完全に織り込んで形成されているとしている．そのため資産売却のアナウンスメントやそのタイミングにおいて，予想外の出来事があったとしても，そのイールドカーブに与える影響はそれほど大きなものとはならないと予想していた．この予想が，あまりに楽観的であったと現時点で批判することは可能であるが，とりあえずは同論文の内容を追うこととしたい．

　まず，同論文は，BOE（APF）による資産売却の発表が，国債のイールドカーブに与える影響について，メインシナリオ（2 ％上昇）

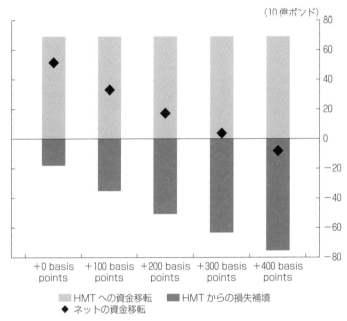

図3-6　国債のイールドの変化と APF の損益（2）

[出所] McLaren and Smith [2013: 35]

以外にも，4つの可能性（不変，1％上昇，3％上昇，4％上昇）を想定してシミュレーションを行っている．その結果が**図3-5**および**図3-6**であるが，**図3-5**でみるならば，国債のイールドカーブの上昇幅が大きいほど，APF の収益は減少し，4％上昇となった場合においては80億ポンドの損失となることが示されている．

　これを**図3-6**でみるならば，どの想定においても APF から財務省への支払総額（主として金利収入）は，650-700億ポンドの間で大きくは異ならないものの，財務省から APF への支払総額（国債売却損・償還損等の補填）は，イールドカーブが不変の場合の200億ポン

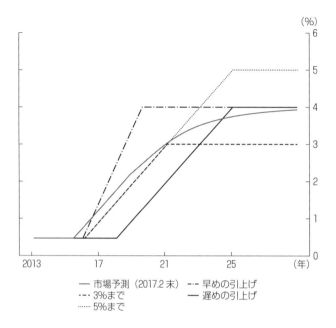

図 3-7　政策金利の引上げ幅・時期のパターン
[出所] McLaren and Smith [2013: 35]

ドから，4 ％上昇の場合の 750 億ポンドまで大きく異なることとなる．それにより APF の最終的損益は大きく異なることとなるわけであるが，実際にどのようなイールドカーブの変化が生じるかを予測することは難しいことを，同論文は認めている．そしてその難しさは，国民投票後において追加緩和が行われて以降，さらに難しくなっていることは当然のことであろうし，APF の最終損失の可能性は一段と高まっていることは確実であろう．

　同論文は，次に，政策金利の引上げを実際にどのレベルまで行うか，さらにそのタイミングがどうなるかの違いについて，メインシ

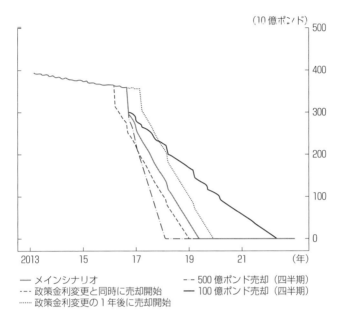

図 3-8　APF 保有国債の市場価値の推移のパターン
[出所] McLaren and Smith［2013: 35］

ナリオと異なる状況を検討している．メインシナリオが想定しているのは，2013 年 2 月末時点の OIS レートから予想される政策金利の推移であり，将来的には 4 ％まで上昇するものとされている．そしてこれについては，将来的に 5 ％まで上昇するケースと 3 ％までしか上昇しないケースが検討されている．さらに同論文で検討しているのは，政策金利の引上げのタイミングがメインシナリオより早まる場合および遅れる場合である（**図 3-7** 参照）．

　そして**図 3-8** で示されているのが，APF の資産売却の開始が政策金利の引上げ後にメインシナリオどおりに行われる場合とその 1

年後となる場合，および四半期毎の資産売却額が100億ポンドと
500億ポンドのケースで，資産規模がどのように推移するかである．

　以上の異なる想定に，先にみたイールドカーブの上昇幅の違いの
ケースをまとめたのが**表3-1**であるが，どの想定においても APF
から財務省への支払総額は670-710億ポンドと大きな違いはない．
一方，財務省から APF への支払総額は，イールドカーブの変化を
除けば，440-570億ポンドとなっており，やはり前者よりは大きな
違いが出てくることとはなっている．ただし政策金利の引上げのレ
ベルおよびその引上げのタイミング，資産売却の資産売却のスピー
ドおよび開始時期の違いは，最終的な APF の損益に非常に大きな
違いをもたらすわけではないという想定がなされている．何よりも
影響が大きいのは国債のイールドカーブの上昇の度合いなのである．
最後に確認しておきたいのは，メインシナリオが想定している
APF の解散時点は2019年7月であるわけであるが，**表3-1**におけ
る種々のシナリオのうち，その解散時期が最も遅くなるのが2022
年7月（四半期毎の資産売却を100億ポンドとするケース）であるとい
うことである．

　以上が，BOE が非伝統的金融政策としての量的緩和を終了し，
出口を出た際に予想される（2013年初時点）APF の損益状況であるが，
現実は様々な不確定要素がある．繰り返しになるがイギリスの EU
離脱を問う国民投票の結果後の経済情勢を受けて，BOE は2016年
8月に政策金利の引下げ等の金融緩和措置を決定した．これにより
APF の将来的な損失発生の可能性は，大きく高まることとなった
といえるであろう．同論文は，金融政策の評価については，資産購
入が成功したかであるとか，全体の財政収支に与える影響で評価さ

表3-1　種々の想定における APF の損益

(単位：10 億ポンド)

		APF⇒HMT	HMT⇒APF	ネット	最終支払 (年・月)
メインシナリオ		67	50	17	2019.7
イールドカーブ・シフト					
	変化なし	69	18	51	2020.1
	+1%	68	35	33	2019.10
	+3%	67	63	4	2019.7
	+4%	67	75	−8	2019.4
政策金利の引上げ幅・時期					
	3％まで	69	46	23	2019.7
	5％まで	68	53	15	2019.7
	早め	68	57	11	2019.7
	遅め	69	44	26	2019.7
資産売却の開始時期・スピード					
	£50 (Q)	67	51	16	2018.4
	£10 (Q)	68	47	21	2022.7
	早め	63	48	16	2019.7
	遅め	71	56	15	2020.1

[出所] McLaren and Smith [2013: 36]

れるべきではなく，中期的にみてインフレーション・ターゲットを達成するために，企業信用の条件が好転するであるとか，名目支出が増加したといったことが達成されるか否かが重要であるとはいっている．しかしながら，このような論文を公表し，想定しうるシナリオを提示しているという事実は重要である．異例の金融政策を採用しながら，「出口は論ずるべき時期ではない」とし，出口論議を封印している日本銀行との相違を考えるならば，どちらが丁寧に市場との会話を試みているかは，明らかなことであろう．

　なお，同論文は政策金利が引き上げられた後に，比較的に早期に

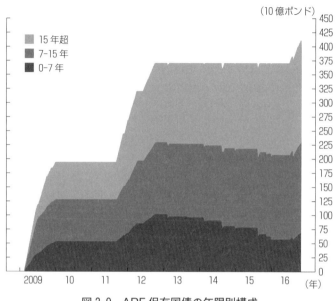

（10億ポンド）

- 15 年超
- 7-15 年
- 0-7 年

2009　10　11　12　13　14　15　16　(年)

図 3-9　APF 保有国債の年限別構成

[出所] *BEQB* [2016Q4: 220]

APF の資産が縮小（したがって BOE の資産が縮小）するという想定を行っている．これは，FRB が 2015 年 12 月に政策金利の引上げを行っても，すぐにはバランスシートの縮小へとは向かわず，資産の満期到来分については再投資がなされ，バランスシートの規模は維持されてきていたことと対照的である．また，2001 年から約 5 年間継続された日本銀行の量的緩和政策は，その終了後に短期間でそのバランスシートの規模を縮小させたが，これは買入手形の期日落ちや，短期国債の満期償還により達成されたのであり，この間も長期国債の買い切りオペは継続されていた．そしてこの時期においては長期

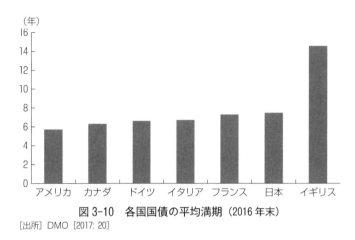

図 3-10　各国国債の平均満期（2016 年末）
［出所］DMO［2017: 20］

国債の保有額は，日銀券の発行額を上回らないという「銀行券ルール」の存在があり，長期国債の市中売却（売りオペ）は行わないというのが暗黙の了解事項となっていた．この「銀行券ルール」は白川前総裁の任期において，実質的にはすでに破られてはいた（「資産買入等の基金」による別枠での長期国債の購入増による）が，2013 年 4 月のいわゆる黒田異次元緩和の導入と同時に停止されている．しかしながら，日本銀行は出口局面における保有長期国債の市中売却には慎重なスタンスで臨むものと予想されている．

　これにたいして，BOE が『イングランド銀行四季報』に掲載された論文において，比較的早期の国債の売却を想定しているのはなぜであろうか．それは何よりも BOE（APF）の保有国債の年限が長いことが挙げられる．**図 3-9** でわかるとおり，15 年超の割合が多く，償還時まで待つということになると金融政策の正常化，APF の解散はいつまでたっても行えないということになりかねないからであ

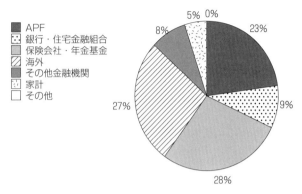

図 3-11　国債保有構造（市場価格ベース：2016 年 9 月末）
[出所] DMO [2017: 21]

る．この BOE（APF）の保有国債の期間が長いということは，多分
にイギリスの国債の発行市場の状況を反映したものである．イギリ
スにおける国債発行は伝統的に期間の長いものの割合が多く，また
リオープン（銘柄統合）が頻繁に行われることもあり，国際的に見て
も期間の長いものが多いことが特徴となっている．[4] **図 3-10** をみる
とわかるとおり，イギリスの国債の平均満期は他の諸国よりかなり
長くなっているのである．このため，BOE（APF）の保有国債につ
いては，政策金利の引上げ後における早期の売却が想定されていた
わけである．それゆえに，同論文の楽観的な予想とは逆に，BOE が
子会社を通じて量的緩和を行い，その損失は財政負担とする（収益
が発生した場合は財政収入となる）こととしたのは，将来的に資産（国
債）を売却せざるをえない（それにより損失が発生する）との予想ゆえ
の工夫であったのではないかと思われるのである．そしてこのこと
は，イギリスにおいて通貨の発行主体である中央銀行のバランスシ
ートが毀損することについて，その悪影響が懸念されている証拠で

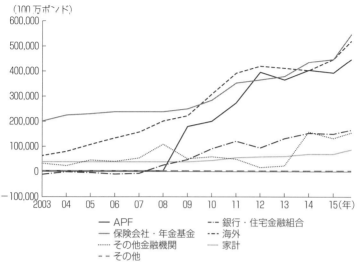

（100 万ポンド）

図 3-12　国債保有額の推移

[出所] DMO [2017: 22]

はないかと思われるのである．

　なお，本節の最後にイギリスにおける国債の保有構造をみること
にすると，2016 年 9 月末時点において，APF は全体の 23％を保有
しており，カテゴリー別では保険会社・年金基金，海外に続く 3 番
目の保有主体となっている（**図 3-11**）．量的緩和以前においては，
50％超のシェアを有していた保険会社・年金基金は，APF による
国債購入の相手方が主としてそれらであったことから，そのシェア
を大きく低下させてはいる．しかし，**図 3-12** でわかるとおり，量
的緩和後においても実額ベースでその保有は増加してきており，そ
の意味では APF の購入余力はまだあるといってよいであろう．ま
た，海外の保有が多いことは，金利上昇（価格下落）時の売却圧力が

急上昇することも予想されるわけであり，この面の注視も必要であろう．やはり，APF の損失の蓋然性は，それほど小さなものではないし，次節で検討するイギリスの EU 離脱に関する国民投票後の経済情勢，BOE による追加緩和は，その可能性をさらに高めていると思われるのである．

3 BREXIT と金融政策

いうまでもないことであるが，2016 年 6 月 23 日のイギリスの EU からの離脱を問う国民投票の結果が，離脱支持多数となったことは，非常に大きな驚きであった．当然のことながら，これは BOE の金融政策にも大きな影響を与えることとなった．BOE は ECB や日本銀行よりも先に，FRB に続いて非伝統的金融政策からの出口を出るものと予想されていたわけであるが，これにより市場は出口が遠くなったとみなすこととなった．

BOE は，8 月 4 日の金融政策委員会（MPC）終了後に，金融緩和のパッケージを発表した．まずは，① 政策金利の 0.25％の引下げ（0.5％→0.25％）であるが，これは 2009 年 3 月の量的緩和の導入時に引き下げられて以来のものであり，カーニー総裁就任後初めてのものでもあった．

その他では，これまた 2012 年 7 月に引き上げられて以来据え置かれていた② 国債購入限度の 600 億ポンドの引上げ（3750 億ポンド→4350 億ポンド）であり，これについては 6 ヶ月でこの水準とすることとされた．この通常の量的緩和とは別に，③ 社債（非金融企業の投

資適格債）の 100 億ポンドの購入も決定された．これについては 18 ヶ月間での購入額とされたが，その狙いは社債利回りの直接的な引下げであり，それにより企業の借入れコストを引き下げ，社債価格の上昇によりポートフォリオ・リバランスおよび社債の新規発行を促進することにあるとされていた．

　さらには，新たな貸出促進策としての④ ターム・ファンディング・スキーム（TFS）が導入された．これは，銀行および住宅金融組合が，期間 4 年の資金を適格担保の提供を条件に政策金利とほぼ同様の条件で借り入れができるというものであり，銀行等の資金調達コストの削減からの貸出促進を狙いとしたものである．

　この TFS の概要をみるならば，制度の運用期間は 2016 年 9 月 19 日から 2018 年 2 月末となっており，期間延長を行うことはありうるとされている．参加金融機関は，2016 年 6 月末のポンド建ての非金融機関向け等の貸出（Base Stock）の 5 ％とその後の純貸出の増加分の貸出を受けることができる（マイナスの場合の減額はない）．適用金利は，正確には政策金利に手数料を加えたものであるが，これについては参照期間（2016 年 6 月 30 日-2017 年 12 月 31 日）の最後に決定されることになっている．より具体的には，ネットの貸出が増加した場合にはゼロであるが，減少した場合には徐々に増加し，5 ％まで減少するならば 0.25 ％となり，それ以上減少した場合においても上限は 0.25 ％のままとされている．なお，前述の FLS の参加金融機関は，それにより借り入れていた TB を返還し，TFS の貸出枠を獲得することは可能とされている．

　この TFS を失敗した FLS と比べるならば，両者共に貸出促進を狙いとした制度であることには変わりはないが，TFS は子会社の

表 3-2　TFS 利用状況（2016 年末）

（単位：100 万ポンド）

	貸出残高等			TFS 利用額 2016.12.31
	Base Stock (16.6.30)	2016Q4 貸出増	2016.6.30 以降貸出増	
Lloyds B. G.	398,534	−1,776	−3,168	4,500
Nationwide BS	181,238	2,183	4,507	2,000
RBS Group	223,167	2,922	7,002	5,000
Santander	187,474	95	893	4,500
その他共計	1,272,232	10,276	22,936	20,690

［出所］Bank of England

APF が行う制度であるのに対し，FLS は BOE 本体が行う制度であった．また，FLS は TB を低い手数料で貸出し，それを借入れの際の担保に利用することにより資金調達コストの低下を狙うという，いわば間接的な手法であったが，これに対して TFS は，BOE の子会社である APF が貸出を行うという直接的なものであることが異なっているといえよう．

　それではこの TFS の利用状況がどのようなものであったかをみることとしたいが，この制度にはビッグフォーからはロイズと RBS しか参加していない．HSBC については FLS にも参加しておらず，バークレイズについては FLS には当初しか参加しなかった．TFS の利用状況を**表 3-2** でみると，Base Stock は 1.27 兆ポンドであるが，2016 年末時点の TFS の残高は 206.9 億ポンドであり，その比率は 1.6％となっている．また，制度開始（2016 年 9 月 16 日）以来，同年末までの貸出の増加率は全体では 1.8％増であるが，ロイズなどはマイナスとなっており，貸出促進という制度の目的が達成されるかどうかは不透明であった．FLS 同様に制度利用がそれほど進ま

表 3-3　APF の資産 (2016 年 8 月 4 日-2017 年 3 月 20 日)

(単位：100 万ポンド)

月日	国債	社債	TFS
2016.8.4	374,907	—	—
8.11	378,365	—	—
9.1	387,724	—	—
9.21	384,965	—	0
9.28	388,475	0	50
10.5	391,985	507	70
10.19	399,005	1,559	1,279
11.2	404,854	2,361	1,382
11.16	409,906	3,070	2,135
11.30	415,906	3,964	5,779
12.7	418,906	4,447	7,689
12.21	422,905	4,912	20,515
12.28	422,905	4,912	20,665
2017.1.4	422,905	4,912	21,172
1.18	427,905	5,287	30,867
2.1	422,337	6,096	33,920
2.15	427,212	7,055	38,489
3.1	431,861	7,705	42,931
3.15	434,961	8,222	45,135
3.29	434,961	8,816	53,493

[出所] *APF Quartely Report* 各号より筆者作成.

ない可能性も大きかったが，制度設計の工夫や，期間が 4 年の貸出ということもあり，FLS よりは成功したが，制度延長のたびにその意義がよくわからなくなっていった FLS を意識してか制度延長はなされなかった.

また，金融緩和策発表後の APF の資産の動向を**表 3-3** でみるならば，国債については順調に残高を増やし，2017 年末 3 月時点でほぼ上限まで達した．この APF による国債購入により，マーケットでは特に 2016 年末において国債の品薄感が強まった．APF は貸付制度によりマーケットに国債を供給したが，その他の要因もあり国債の利回りは年末にかけて上昇した．社債については，2016 年末時点で 100 億ポンドの買い入れ枠の半分近くが消化され，2017 年 3 月末には 9 割弱までとなっている．社債の利回りは，制度の狙いとは逆に 2016 年第 4 四半期において上昇したが，社債の発行額自体は 2016 年 8 月以降において増加ペースを強めている模様である．TFS については，制度利用は年末において急拡大し，2017 年 3 月までは拡大傾向が続いている．

このように国民投票後の追加緩和策により BOE（APF）の資産はこれまでより拡大することとなったわけであるが，当然のことながら，これは非伝統的金融政策からの出口時点における負担増となる可能性が高くなったことを意味している．イギリスにおいては，APF の損失は財政負担となるという取り決めから，中央銀行たる BOE の財務の負担はないわけではあるが，財政赤字が拡大するという意味では，他の中央銀行と同じ悩みを持っているといってよい．しかしながら，この通貨の発行主体たる中央銀行のバランスシートの毀損を防ぐための工夫が，現実の出口においてどのような効果を発揮するのかという点には注目しておいた方がよいであろう．

おわりに――神話が崩壊する時――

　以上で，イギリスの中央銀行である BOE の非伝統的金融政策の特徴とその出口政策の構想について検討し，それが 2016 年の国民投票後においてどのように変貌したかについても検討したわけであるが，当然のことながら現実の出口がどのようになるかは現時点では不明なわけである．しかしながら，BOE が出口をマーケット等が予想できる，ないしは不確定性を認めて種々のケースを想定した論文を『イングランド銀行四季報』において発表した意義は大きいであろう．もちろん，本章でも触れたところではあるが，現実はすでに論文の想定とは逆方向に政策金利等が動き，その後また逆方向に動いているわけではある．しかし，そこから逆に APF の損失拡大が不可避であることが読み取れるということは重要であろう．これは異例の金融政策を遂行しながら，出口論議を封印している日本銀行よりは遥かに好ましい態度であるといえよう．

　日本銀行は，BOE よりも遥かに大量の資産購入を行っていながら，出口については論じるべき時期ではないとの立場をとり続けている．これまでいわゆる反リフレ派と呼ばれる論者たちは，あまり効果・意味があるとは思えず，しかも波及経路が不明（為替のダンピングによる効果を除けば）な政策を，不均衡を累積させつつ長期で行う意味があるのかということを主張してきたといってよいであろう．偽薬効果であるとか，ピーターパンであるとかの比喩が用いられること自体，政策のいかがわしさをうかがわせるように思われる．そして偽薬は本当に害がないかといえば，飲み過ぎの場合の害がひどいこ

とも想定される.

　こうした反リフレ派の批判には，多少オオカミ少年的な部分があることは事実であろう．リフレ派からは，これをとらえて岩石理論と揶揄する議論もあるようではあるが，ここで思い出されるのは，原発の絶対安全・低コスト神話であろう．事実として，原発は安全でも低コストでもなかった．ただし，事故が起きてしまえば，それについて糾弾しても，今それを論じる時期かといって，その種の論議は封印されてしまう．そして誰も責任はとらないのである．金融政策については，そのようなことは起こらないといえるのであろうか．神話はいつか崩壊する．株価の右上がり神話，土地神話そして金融機関の不倒神話も崩壊したことは記憶しておいてよいだろう．

　もちろん，金融政策はそれが異例なものであるからといって非難されるべきものではないし，その評価は，その時点の実体経済にとって真にそれが必要であったか否か，そして政策目的が達成されたか否かという観点から評価されるべきであろう．しかしながら，金融政策の目的が達成されなかったことが明らかとなった際（そもそも目標設定に無理があった際）には，副作用としての中央銀行の財務の悪化であるとか，財政への悪影響等は非難されるべきであろう．ここで「もしそれがなかったらもっと悪い事態が発生していたかもしれない」的な言い訳は，見苦しいものでしかない．そして，追い込まれた挙句に，中央銀行の保有国債を無利子（もしくは準備預金への付利金利と同じ金利）の永久国債と交換するような一種のヘリコプターマネー政策が導入された時，その国の通貨はどうなるのであろうか.

　中央銀行の独立性という資本主義の叡智が否定されるとするならば，それは資本主義の全般的な危機を表すものであるかもしれない

し，その度合いがひどい例において，より大きな困難がもたらされるという事態が発現するかもしれない．また，通貨の発行主体である中央銀行のバランスシートは，経済の他部門のバランスシートが傷んでいるからといって，これと同調して傷めばいいというものではない．イギリスにおける非伝統的金融政策においては，中央銀行のバランスシートが傷むことがないような工夫がみられる．この工夫は，実際の出口において大きな意味を持つことになるのか否かは，現時点では不明であるが，中央銀行にとってこうした工夫が重要であることや，将来の政策についてのマーケットとの対話の大切さを認識せざるをえない場合もあるかもしれないのである．

注
1）APF は量的緩和の採用前の 2009 年 1 月に設立されていた．
2）BOE の 2017 年 2 月の『インフレーション・レポート』においては，"Why has wage growth remained subdued"（pp. 18-20）と題するコラムがあり，そこにおいては失業率低下しても賃金が上昇しない理由として，①緩慢な生産性上昇率，②（為替の影響も含んだ）輸入物価の下落，③統計的失業率に低下にもかかわらず労働市場には「ゆるみ（slack）」が存在することが挙げられている．
3）FLS について詳しくは，本書の第 2 章を参照されたい．
4）イギリスの国債発行市場の特徴等について詳しくは須藤［2007］の第 3 章を参照されたい．

第4章

量的緩和とイングランド銀行財務

は じ め に

　日本銀行は1990年代末から，その他の主要中央銀行はリーマンショック後において非伝統的ないし非標準的と呼ばれる金融政策を採用せざるをえない状態となった．日本銀行が2001年から約5年間継続した量的緩和政策は，その終了後において比較的短期間で超過準備を解消することができた．しかしながら，リーマンショック後に展開された主要中央銀行による大規模資産購入（LSAP）等からの出口は短期間では終了しない様相をみせていた．主要中央銀行のなかで最初に出口に向かったアメリカの連邦準備は，テーパリングから政策金利引上げ，そしてバランスシートの縮小へと慎重にそれを行った．これは非伝統的金融政策が，その有効性が必ずしも明確ではない一方で，その副作用が出口へと向かう時点で顕在化する惧れがあるからであろう．

　一方，イギリスの中央銀行であるイングランド銀行（BOE）は，種々の面でユニークな方法を取りつつ，非伝統的金融政策としての量的緩和（QE）政策を実行してきている．その最大の特徴点は，大規模資産購入については子会社のAPF（Asset Purchase Facility）がこれを行い，BOEはこれへの貸付を行うということであり，APFの損失については財政負担とすることが財務省とBOEの間で合意されているということであろう．これは，非伝統的金融政策の副作用として懸念されている中央銀行財務の悪化とそれが及ぼす悪影響を考慮してのことであろう．本章においては，BOEの主として量的緩和政策採用以降の財務状況を検討することにより，それがBOE

の財務に与えた影響を検証することとしたい．そして将来において懸念されることさらにはそれが出口政策にどのような影響を与えるか等について検討することとしたい．

1 1844 年銀行法と勘定分離

　特に予備知識がなく BOE の財務諸表を見た場合に奇妙に思われるのは，どうして勘定分離（発券部：Issue Department と銀行部：Banking Department）がなされているのかということであろう．これは，19 世紀における通貨学派と銀行学派の間の論争である通貨論争を経て制定された 1844 年銀行法（通称ピール銀行法）によるものである．これは通貨学派のトレンズが考え出したものとされているが，同じく通貨学派のロイドが採用し，この考え方を認めた首相のピールのもとで制定された同法において規定された．これは BOE の業務に発券（銀行券の発行）業務と銀行業務が混在していることが，銀行券の発行のコントロールを難しくしているとの考えによるものであった[1]．

　発券部は，1400 万ポンドの証券（うち約 1100 万ポンドのギルト債）と BOE の金準備（そのうち 4 分の 1 までは銀でもよい）を資産として保有し，この合計額と同額の銀行券が発行された（それ以上の発券は認められなかった）．市中保有の銀行券以外の銀行券（銀行券発行額総額―市中保有銀行券）は，銀行部に置かれ，日常の業務に必要な鋳貨（約 100 万ポンド）とともに銀行部の準備を形成することとなった．この銀行部準備の変動を決定するのは，① 金準備の増減＝発券額増減と② 市中保有銀行券残高増減であるが，西村閑也［西村 1983］によれば，

②の市中保有銀行券残高はそれほど大きく変動しなかった[2]．したがって BOE の金準備の増減は，対外および国内の金流出入により生じていた．

　ピール銀行法の立案者たちは，「銀行券の増減にのみ注意を集中し，実はすでに 40 年代ごろから，銀行預金の通貨としての機能が発展しつつあり，預金量も急増しつつあることに気がつかなかった」［西村 1983：152］のであった．民間の預金銀行は，BOE に準備（BOE 預け金）を保有し，これを自らの支払準備とするようになっていった．このような変化こそが BOE を事実上の中央銀行の地位へと押し上げる動力となったのであろうが，ここではこの点にはこれ以上踏み込まないこととする．このことから明らかなことは，危機時に民間預金銀行が要求するものはイングランド銀行券ではなく BOE からの与信（流動性供給）であったということであろう．金の流出もあり 1847 年秋に銀行部保有の銀行券が底をついたことからピール銀行法は停止されたが，これを含めて 19 世紀中に 3 度停止された．これは同法の致命的欠陥が明らかとなったものであろう．

　ところで同法は，BOE の主要資産負債項目を毎週公表することを義務付けたが，そこにおいても発券部と銀行部の勘定は分離されており，最近までこのスタイルでの公表は続けられてきた[3]．そして管理通貨制度への移行後においても，基本的にこの勘定分離制度は維持されてきているのである．

2　平時における収益構造からの変化

　第 1 次世界大戦の勃発により国際金本位制は崩壊し，イギリスは金本位制度から離脱した．金本位制に復帰したのは 1925 年 4 月のことであったが，この再建金本位制も世界恐慌の影響から 1931 年 9 月まで存続したにすぎなかった．これ以後，今日まで管理通貨制が継続してきているわけであるが，1930 年代の BOE はマクロ金融政策の遂行主体としての中央銀行の貌を見せるようになってきた．これは 19 世紀後半における BOE は，中央銀行といっても，まだ最後の貸し手としての役割を果たすものとしての中央銀行であったに過ぎないのと比べるならば大きな変化であるといってよいであろう．

　BOE は第 2 次世界大戦後の 1946 年に国有化されたが，当時の資本金は 1460 万ポンド，株主数は約 1 万 7000（そのほとんどは零細株主であり 3 分の 2 が 1000 ポンド以下の株主であった）であり，株式はすべて政府（財務省：HM Treasury）により購入された．これ以後は，BOE の全株式を政府が保有しているわけであり，株式会社の配当金を財務省が受け取っている．BOE は依然株式会社であるといっても，政府の全株式所有であり，その株式が証券取引所に上場されているわけではない．これは，日本銀行の出資証券（資本金 1 億円）の 45％が民間保有（55％は政府保有）であり，JASDAQ 市場への上場銘柄として売買されているのとは異なる．

　国有化により，発券部の収益は，国家に所属すべきシニョレッジということになるが，これは国家貸付基金（National Loans Fund）へと納付されている．一方，銀行部の収益は，政府（財務省：HM

表 4-1　発券部の損益状況

(単位：100 万ポンド)

	2005/06	2006/07	2007/08	2008/09
(収益)				
国債利息等	619	628	735	499
その他証券・資産利息	1,124	1,082	1,636	1,768
収益計	1,743	1,710	2,371	2,267
(費用)				
銀行券製造費	28	36	23	48
銀行券関係費用	14	17	17	24
その他費用	3	4	4	7
費用計	45	57	44	79
⇒ NLF へ（純利益）	1,698	1,653	2,327	2,188

[出所] *Annual Report and Accounts*（BOE）

Treasury）へと納付されている[4]．なお，BOE の運営費捻出のための仕組みとして CRD（Cash Ratio Deposit）という，市中銀行が拠出する無利子の凍結預金口座がある．この運用益により，BOE の人件費・物件費等が賄われているという説明が一応はなされている．なお，BOE においては，今日においてもごく少額ではあるものの対政府貸付（Ways and Means）の残高が維持されている．

　ところで BOE は，2006 年 5 月に金融調節方式の変更を行った．その変更点についてごく簡単に述べるならば，それ以前のゼロバランスの準備預金制度に代えて，金融機関の申告ベースの完全後積の準備預金制度を導入したことが最大の点であった．この準備預金には付利がなされ，この金利が政策金利とされた．BOE は市中金融機関の準備需要に対してはマクロベースでは過不足なく供給することを約束していた．資金供給の中心は短期（1 週間）のレポオペであり，その金利は政策金利が適用されていた．また，長期のレポオペ

表 4-2　発券部資産の内訳

(単位：100 万ポンド)

	2006.2	2007.2	2008.2	2009.2
国債等	13,370	13,370	8,168	9,585
国債	0	0	798	5,443
対政府貸付	13,370	13,370	7,370	4,142
その他証券・資産	23,550	25,079	36,810	39,023
銀行部預け金	53	49	19,211	29,225
リバースレポ（短期）	17,497	10,030	17,599	9,798
リバースレポ（長期）	6,000	15,000		
資産合計	36,920	38,449	44,978	48,608

[出所] *Annual Report and Accounts*（BOE）

による資金供給も行われていた[5]．ただしこのいわば平時の体制の運営方式は，2008 年 9 月のノーザンロックへの流動性供給，そして 2009 年 3 月の量的緩和（QE）の採用により，大きく崩されることとなり，現時点においても平時への復帰の道筋は見えているとは言い難い状態にある．

　本章においては，それが BOE の財務にどのような影響を以下で検証することとしたい．まずは，あまり大きな影響がないと思われる発券部の収益状況をみたのが**表 4-1** である．金融調節方式の変更が 2006 年 5 月であり，ノーザンロックへの資金供給が 2007 年の 9 月であるから，その方式における平時といってよい期間はごく短期間であった．2006 年度（2006 年 3 月-2007 年 2 月）を平時における収益状況とするならば，その前後における変化はほとんどないように見える．しかしながら，**表 4-2** で発券部資産の内訳を見るならば，そこには大きな変化を見てとることができる．2007 年 2 月末において発券部資産における「国債等」と「その他証券・資産」の割合は

大まかにいって 1 対 2 であるが,「国債等」といっても「国債」はゼロであり,すべてが「対政府貸付」である.そして「その他証券・資産」においては「銀行部預け金」はほとんどなく,その大半が「リバースレポ」である.

これがノーザンロック危機を経た 2008 年 2 月末以降においては,大きく変化することとなった.まず「国債等」と「その他証券・資産」の比率は,後者がその大半を占めるようになった.また前者(「国債等」)においては,「対政府貸付」は減少し,ようやく「国債」が登場してきている.また大半を占めるようななった後者の「その他証券・資産」においては,「リバースレポ」が後退し,「銀行部預け金」が主体となってきている.これについては政策金利による利息を発券部は銀行部から受け取っているわけであるが,シニョレッジの内実が,市中金融機関からの受取利息から,銀行部からの受取利息(政策金利)と無利息債務としての銀行券との間の利鞘という外観を呈する(あくまで外観だけであるが)ように,この時期において変化したといえそうである.もちろん,これはシニョレッジとは,銀行部の運用益(というよりは BOE 全体の)であるということであると言い換えてもよいのかもしれないが,勘定分離によりこのような財務諸表上の外観を呈するようになってきたということなのかもしれない.

次に,銀行部のこの間の収益状況を見ることとしたいが,アニュアルレポートからは非常に限られた情報しか得ることができない(表4-3).準備預金がゼロバランスであった 2006 年度から 2007 年度には収益が増加し,ノーザンロック危機のあった 2009 年度にはさらに収益が増加したことぐらいしか,ここからは読み取ることは

表 4-3　銀行部の損益状況

(単位：100 万ポンド)

	2005/06	2006/07	2007/08	2008/09
税引前利益	99	191	197	995
法人税等	5	25	36	162
税引後利益	94	166	161	833

[出所] *Annual Report and Accounts*（BOE）

できない.

　これをバランスシートの変化（**表4-4**）から類推することとしたいが, まず確認しておきたいのがバランスシートの規模が急拡大していることである. 2006 年 2 月と 2009 年 2 月のその規模を比較するならば約 6 倍となっているのである. 2007 年 2 月のバランスシートが前年に比べて拡大しているのは, 完全後積みの準備預金制度の導入により, 「金融機関預金」が増加していることによるものであり, その後はノーザンロックやその他の金融機関に対する流動性の供給により, 資産側では「対金融機関貸付金等」, 負債側では「金融機関預金」が急拡大しているのである. 負債側では, 「金融機関預金」のマイナーな部分が CRD という無利息預金ではあるが, それ以外のほとんどの部分には政策金利での付利がなされている. 「その他預金」のほとんどが発券部預金であり, これにも政策金利による付利がなされている. そのため, この間の銀行部の収益の増加は, ボリューム効果によるものといえそうである.

表 4-4　銀行部資産の内訳

（単位：100 万ポンド）

（資産）

	2006.2	2007.2	2008.2	2009.2
他中銀預け金	185	99	226	1,516
対金融機関貸付金等	14,506	31,552	62,855	136,829
その他貸付金等	6	5	4	815
有価証券	5,663	3,298	3,742	3,334
デリバティブズ	291	121	122	287
有価証券（売却可能）	3,705	3,755	3,852	3,937
子会社への出資	18	13	—	—
動産	26	26	26	26
不動産等	193	247	217	176
無形資産	17	19	19	17
当期税税効果資産	—	31		
繰越税税効果資産	12	—		
年金関連資産			404	294
その他資産	131	197	534	697
資産計	24,753	39,363		

（負債）

	2006.2	2007.2	2008.2	2009.2
ポンド建手形			—	42,212
他中銀預金	11,380	11,519	18,594	24,356
金融機関預金	3,208	20,778	24,872	42,186
その他預金	1,081	1,083	21,297	31,638
ユーロ・ノート等	6,512	3,328	3,377	2,965
デリバティブズ	98	72	727	81
当期税税効果負債	17	—	10	235
繰越税税効果負債	—	30	170	134
年金関連債務	371	243	184	178
その他負債	354	450	477	622
負債計	23,021	37,503	69,708	144,607
（資本）				
資本金	15	15	15	15
内部留保	1,305	1,417	1,821	2,748
その他準備金	412	428	457	538
資本計	1,732	1,860	2,293	3,321
資本・負債計	24,753	39,363	72,001	147,928

［出所］*Annual Report and Accounts*（BOE）

3　量的緩和以降のイングランド銀行財務

(1)　イングランド銀行本体の財務

　2009 年 3 月以降，BOE は量的緩和政策を採用してきているわけ
であるが，その後の BOE の財務はどのように変化し，またそれは
出口に向けてのリスクを増幅することはないのであろうかという点
が次に検討すべきことであろう．具体的に BOE の財務状況の変化
を追う前に，まず BOE による非伝統的金融政策の特徴について簡
単に確認することとしたい．BOE の非伝統的金融政策の他の中央
銀行と比較しての最大の特徴は，大規模資産購入を BOE 本体では
なく子会社である APF（Assets Purchase Facility）が行っていること
である．そして APF に損失が発生した場合においては，その損失
については財政負担とする（収益が出た場合には財政収入）ということ
が政府と BOE の間であらかじめ合意されていることもまた特徴点
であろう．その他では，量的緩和の目標がフローベースではなくス
トックベースで設定されていることもまた特徴であり，ストックベ
ースでの資産購入額が維持されていれば，フローベースでの資産購
入が減少（テーパリング）ないしはストップしたとしても，それは緩
和の縮小とマーケット等からは受け取られないということは重要で
あろう．

　イギリスにおいても，非伝統的金融政策が危機の深化を防ぐ役割
を果たした面はあるものの，実体経済に目立ったポジティブな影響
を与えたとはいえない．BOE 自身の説明もまた，当初の一般向け
の単純なマネタリスト的な説明は別としても，その後の説明は極め

て限定的なものであるというようになっている[6].

　ストックベースの緩和は，資産購入額が上限に達した以降は，満期到来の債券の買換えぐらいしか実際の行動はなされないこととなる．そのこともあり考え出されたのが，金融機関の融資促進策としての FLS（Funding for Lending Scheme：2012 年 8 月導入）であるが，これはあまり効果を挙げることなく終了することとなった[7]．また，2013 年 8 月に導入された失業率を参照値とするフォワードガイダンスについても，想定外の失業率の低下により半年後には撤回を余儀なくされるなど，失敗といってよい施策も目立っているのも事実である．

　以上のようなことも念頭に置きながら，以下では量的緩和導入以降の BOE 本体の財務について見ていくこととする．まず，あまり量的緩和の影響を受けないであろう発券部の収益状況から見ていくと（表 4-5），2012 年度の増加と 2018 年度の減少を除くならば比較的安定しているといってよいであろう．そしてこの間の発券部資産の動向を見たのが表 4-6 であるが，最初に確認しておきたいのはイギリスにおいてはデビットカード利用の急伸を背景として，銀行券の使用回数・使用金額のシェアが大きく低下してきているにもかかわらず，銀行券の発行残高は増加しているということである[8]．これは，BOE が銀行券増加をさせるようなオペレーションを行ったというわけではなく（それは不可能である），金利低下により銀行券保有のオポチュニティコストが低下したからとの説明が一応は可能であるが，マイナス金利が採用されているキャッシュレス化先進国のスウェーデンでは，銀行券残高が減少しているということが起きているのである．

表 4-6　発券部の損益状況

(単位：100 万ポンド)

FY	2009/10	2010/11	2011/12	2012/13	2013/14	2014/15	2015/16	2016/17	2017/18
(収益)									
国債利息等	160	292	666	330	238	288	243	281	121
その他証券・資産利息	403	255	258	262	275	288	299	257	240
収益計	563	547	924	592	513	576	542	538	361
(費用)									
銀行券製造費	38	40	36	40	36	33	43	66	90
銀行券関係費用	26	23	26	27	25	27	27	29	31
その他費用	8	9	9	8	9	10	10	11	11
費用計	72	72	71	75	70	70	80	106	132
⇒ NLF へ (純利益)	491	475	853	517	443	506	462	432	196

[注] 2018 年度は，将来における費用のために 3300 万ポンドを引き当てている.
[出所] *Annual Report and Accounts*（BOE）

　最新のアニュアルレポートにより，発券部の収益状況を見るならば，収益としては，「国債利息等」が 2017 年度においては 1.21 億ポンドあり，「その他証券・資産利息」(2.40 億ポンド) を加えると，年度の収益は，3.61 億ポンドとなる. 一方，費用は「銀行券製造費」が 0.90 億ポンド，諸管理費用である「銀行券関係費用」が 0.31 億ポンドで，その他費用 (0.11 億ポンド) を含めて費用の合計は 1.32 億ポンドであり，単純な差額は 2.29 億ポンドであるが，国家貸付基金（NLF）への納付は 1.96 億ポンドとなっている. これは，将来の費用発生に備えて 0.33 億ポンドが引き当てられたことによるものである.

　さらに発券部資産の内訳（表 4-6）を見るならば，それが量的緩和の採用以来，大きく変化しているのを見てとることができる. それ

表 4-6　発券部資産の内訳

(単位：100 万ポンド)

	2010.2	2011.2	2012.2	2013.2	2014.2	2015.2	2016.2	2017.2	2018.2
国債等	5,679	5,687	5,749	5,263	4,594	4,451	3,604	3,194	2,836
国債	5,309	5,317	5,379	4,893	4,224	4,081	3,234	2,824	2,466
対政府貸付	370	370	370	370	370	370	370	370	370
その他証券・資産	44,541	46,507	49,172	52,759	55,604	59,338	64,214	70,004	70,414
銀行部預け金	26,655	36,284	47,562	52,744	55,109	57,873	50,870	63,049	69,079
リバースレポ	17,886	10,223	1,610	15	495	1,465	13,344	6,955	1,335
資産合計	50,220	52,194	54,921	58,022	60,198	63,789	67,818	73,198	73,290

[出所] *Annual Report and Accounts* (BOE)

は，「銀行部預け金」が発券部資産の大半を占めるように変化してきたということである．2010 年 2 月に，その資産における割合は53.1％であったのが，2018 年 2 月には94.3％と発券部資産は「銀行部預け金」とほぼイコールであるという状況となってきているのである．この比率は BOE の金融調節方式変更前の 2006 年 2 月の0.1％，そして変更後でノーザンロック危機以前である 2007 年 2 月の 0.1％と比べるならば極めて大きな変化であるいってよいであろう．もちろんこの発券部の資産構成の変化をもって，シニョレッジの内実が金融機関からの受取利息から銀行部からの受取利息（政策金利による付利）へ変化したと解釈することは誤りであるのだが，勘定分離されたなかで発行部の資産構成はともかく大きな変化を見せてきているのである．

　一方，銀行部の収益・バランスシートの構造はさらに大きな変化を見せている．銀行部の税引前利益の状況を見るならば（**表 4-7**），2009 年度の急増を除くならば比較的安定しているといってよい．

表 4-7　銀行部の損益状況

(単位：100 万ポンド)

	2009/10	2010/11	2011/12	2012/13	2013/14	2014/15	2015/16	2016/17	2017/18
(収益)									
純利鞘						12	15	15	14
手数料収入						155	182	169	132
その他収益（金融資産関連）						192	214	210	177
管理関連手数料						181	191	214	140
監督業務関連収入									280
その他収入						29	24	26	42
収益計					506	626	626	634	785
(費用)									
人件費						330	354	357	399
インフラ関連費用						84	84	84	92
物件費等						96	111	122	156
PRA関連コスト（控除）						−139	−156	−151	—
費用計					326	371	393	412	647
税引前利益	231	132	100	125	180	198	233	222	138
法人税等	37	5	15	15	20	19	24	20	9
税引後利益	194	127	85	110	160	179	209	202	129

[出所] *Annual Report and Accounts* (BOE)

2009 年度の収益の急増は，量的緩和の影響ではなく金融機関への資金供給（レポによる）の急増によるものである．量的緩和の開始以降において，銀行部の収益は安定しているといってよいが，それをもたらすバランスシートの構造は大きく変化してきている．

　2009 年 3 月の量的緩和の開始以降に急増しているのが，「その他貸付金等」でありそのほとんどは子会社であり実際に国債を中心とする資産購入を行っている APF への貸付である．この APF への貸付金利は政策金利が適用されてきている．後に詳しく見るが，APF の収益もしくは損失は，財政収入もしくは財政負担となることとなっており，BOE 本体の収益には影響しない仕組みとなっている．それはともかくとして BOE の量的緩和は 2009 年 3 月の開始以来，その資金は準備預金により賄われることになっており，金融機関の全ての準備預金には政策金利による付利が行われることになっている．そうするとバランスシートがいくら拡大しても，その利鞘はゼロであり，銀行部したがって BOE 本体の収益には影響しない仕組みとなっているのである．このことは，先取的にいっておくならば，出口において政策金利の引上げが行われる場合（実際に，BOE は政策金利を 2017 年 11 月および 2018 年 8 月に各 0.25％，計 0.5％引き上げた），資産側および負債側の金利が同幅で引き上げられるため，BOE 本体の財務には影響が及ばないのである．

　その他におけるバランスシートの構成上の変化を見るならば，レポオペ（短期・長期）のほぼゼロ水準までの減少が挙げられる．このうち短期のレポオペの適用金利は政策金利であったため，収益には影響しない．一方で，長期レポオペについては，政策金利よりも高い水準であったため，収益的にはマイナスの影響を与えたと見るこ

とができるであろう．これらのことが，銀行部の収益が比較的安定
的に推移していることの理由であるとみなすことができよう．

　アニュアルレポートで比較的細かなデータが得られるのは**表 4-7**
でわかるとおり 2014 年度以降のことである．2017 年度の銀行部の
損益状況を見るならば，同年度の「純利鞘」は 0.14 億ポンドとなっ
ている．「手数料」収入 (1.32 億ポンド) の大半は，貸出促進策として
の FLS (Funding for Lending Scheme) 関連のものである．FLS におい
ては，金融機関に対して安価な手数料により TB を貸出し，これを
担保に金融機関が安価な資金調達を行うことにより，貸出が促進さ
れることを狙いとしたものであった．FLS は，必ずしも成功したと
はいえなかったが，この点についてはここではこれ以上言及しない
こととする．「その他収益 (金融資産関連)」は，1.77 億ポンドである
が，その大半は国債の売却益である．「管理関連手数料」の 1.40 億
ポンドは，大半は政府 (財務省) からのものであり，この他に金融サー
ビス補償機構 (FSCS) からの事務代行関連のものもある．これに
「監督業務関連収入」の 2.80 億ポンド等を加えた収入全体は 7.85
億ポンドと発券部よりも大きくなっているが，「人件費 (3.99 億ポン
ド)」等が銀行部負担となっていることもあり，「税引前利益」は
1.38 億ポンドと発券部のそれよりも小さいものとなっているし，
2016 年度においては両者の差 (発券部 4.32 億ポンド，銀行部 2.22 億ポン
ド) は，さらに大きなものとなっている．

　ここで問題となるのは，銀行部における「純利鞘」の構造である
が，これをバランスシートから推定することとする (**表 4-8**)．2017
年度末の資産における最大の項目が「その他貸付金等」(5720.17 億ポ
ンド) であるが，これは基本的に APF への貸付金であり，APF か

表 4-8　銀行部資産の内訳

(単位：100万ポンド)

（資産）	2015.2	2016.2	2017.2	2018.2
他中銀預け金	1,005	637	1,641	776
対金融機関貸付金等	11,662	12,706	9,843	14,195
その他貸付金等	375,198	375,198	485,154	572,017
有価証券	5,160	7,190	9,157	7,993
デリバティブズ	1,251	488	308	122
有価証券（売却可能）	6,994	7,944	8,402	8,571
子会社への出資	—	—	—	—
動産	—	—	4	4
不動産等	341	392	400	404
無形資産	12	18	21	31
当期税効果資産	—	—	34	34
年金関連資産	540	932	917	866
その他資産	410	251	1,798	1,860
資産計	402,573	405,758	517,679	606,813

（負債）	2015.2	2016.2	2017.2	2018.2
他中銀預金	15,601	15,355	15,094	15,809
金融機関預金	318,576	324,546	415,488	501,794
その他預金	60,432	55,583	73,313	76,536
外貨建債券	3,898	4,333	6,450	5,797
デリバティブズ	46	476	108	423
当期税効果負債	10	34	—	—
繰越税効果負債	128	341	377	319
年金関連負債	208	194	229	219
その他負債	275	306	1,866	1,435
負債計	399,174	401,168	512,925	602,332
（資本）				
資本金	15	15	15	15
内部留保	2,607	3,011	3,036	3,033
その他準備金	777	1,564	1,703	1,435
資本計	3,399	4,590	4,754	4,481
資本・負債計	402,573	405,758	517,679	606,813

[出所] Annual Report and Accounts（BOE）

らは政策金利での支払いを受けている．これに対応する負債が，
「金融機関預金」(5017.94 億ポンド) であり，その大半は準備預金であ
りこれには政策金利による付利がなされており，ここにおいては前
述のとおり基本的に利鞘は発生していない．ただし，ここには
47.08 億ポンドの CRD という無利息の凍結口座預金が含まれている．
しかしながら，その運用益だけでは実際には BOE の運営コストが
賄われていないことは明白であろう．また，「その他預金」(765.36 億
ポンド) のほとんどが発券部預金であるが，これについても政策金
利による付利がなされている．こうした構造から，銀行部における
「純利鞘」は小さなものとなっているのである．

　もっとも，政策金利で借入れを行い，それにより主として国債へ
の投資を行っている APF においては，これまでのところは収益が
発生してきているわけであり，BOE の収益構造を見る場合には，
これも視野に入れなければならないわけであるが，これについては
次に検討することとする．

⑵　APF の財務

　繰り返しになるが，BOE の量的緩和の他の中央銀行と比べての
最大の特徴は，大規模資産購入 (LSAP) を BOE 本体ではなく子会
社の APF が行っているということである．そして APF は設立当初
から，そこに収益が発生した場合は財政収入に，損失が発生した場
合には財政負担となることが，BOE と財務省との間において確認
されていた．

　APF が設立されたのは，2009 年 1 月のことであるが，当初にお
いては CP 等の民間資産の買取を目指したものであり，その資金調

達は TB の発行により賄われることとなっていた．しかし，設立からそれほど時間も経過していない同年 3 月に BOE の金融政策委員会（MPC）は，政策金利を史上最低の 0.5％に引き下げるとともに APF による資産購入を国債中心とし，そのファイナンスについても BOE の準備預金増により行うと決定した．そして APF は BOE からの借入れ（その適用金利は政策金利）により資産購入の資金を調達することとされたのである．

ところで APF の収益は財政収入，損失は財政負担との当初からの取り決めではあったが，具体的には APF がその役割を終えた時点，すなわち解散時点において一括清算されるというのが，当初における BOE（APF）と政府の間の合意であった．これは，APF の設立当初の想定が，その存続期間について比較的短期であったのではないかと思わせるものであるが，その存続期間がかなり長期となることが明らかとなったことの影響もあろうか，2011 年 11 月には BOE（APF）と政府の間において，収益または損失について四半期毎に資金移動がなされる旨の合意が成立した．これは，この時点で APF に金利収入が相当程度累積していたことや，この時点において量的緩和の出口が意識されたことも影響してるように思われる[9]．

より具体的な両者における合意の内容は，2013 年以降は APF の収益は四半期毎に財務省へと移管される（損失が発生した場合には逆方向の資金フロー）というものであった．なお，創設以来 2012 年末までの APF の収益は約 310 億ポンドであり，これについては 2013 年入り以降において 9 回に分けて毎月 APF から財務省へと資金の移管がなされた．

以上のことを前提としたうえで，以下では APF の収益について

表 4-9　APF の損益状況

(単位：100 万ポンド)

	2014/15	2015/16	2016/17	2017/18
(収益)				
受取利息	17	18	14	13
金融商品関連利益	27,085	6,652	8,408	—
有価証券利息	14,287	14,032	14,274	15,499
TFS 関連手数料			17	300
その他収益			—	—
総収益	41,389	20,702	22,713	15,812
(費用)				
支払利息（BOE）	1,876	1,881	1,410	1,759
金融商品関連損失			—	21,354
諸費用	2	2	4	5
損失準備金繰入	39,511	18,819	21,299	−7,306
総費用	41,389	20,702	22,713	15,812

［出所］*Annual Report*（APF）

　検討することとする．APF の収益は基本的に投資した国債からの利息収入（受取利息）であり，これに保有国債等の評価損益が加えられる（もしくは減額される）．これに対して費用の方は基本的に BOE への支払利息（適用金利は政策金利）である．そして収益が発生した場合においては，それは損失準備金として繰り入れられ，APF としての当期利益は発生せずに，したがって法人税の納付等は行われていない．

　表 4-9 を見るならば，2014 年度以降は損益状況がアニュアルレポートにより以前より細かく分かるようになっているが，BOE への「支払利息」よりも「有価証券利息」がかなり多くなっていることが分かるであろう．なお，2017 年度には多額の「金融商品関連損失」（213 億ポンド）が発生し，結果として「損失準備金繰入額」がマ

表 4-10　損失準備金の推移（APF）

(単位：100 万ポンド)

	2009/10	2010/11	2011/12	2012/13	2013/14	2014/15	2015/16	2016/17	2017/18
損失準備金残高(年度初)				41,105	41,265	277	29,051	39,342	50,325
損失準備金繰入額				7,675	−6,128	39,511	18,819	21,299	−7,306
財務省への支払				−7,515	−34,860	−10,737	−8,528	−10,316	−10,027
損失準備金残高(年度末)	−1,752	9,832	41,105	41,265	277	29,051	39,342	50,325	32,992

[出所] *Annual Report*（APF）

イナス（73 億ポンド）となっているが，これは主として国債の評価損によるものである．APF の保有国債の多くがオーバーパー購入であることから償還時には償還損が発生するが，資産売却開始以前においても，このような形で損失が発生することについては，留意すべきであろう．

　APF の実際の収益を見るためには，「損失準備金」を見ればよいわけであり，それは表 4-10 で確認することができる．前述のとおり，2014 年 1 月以降，APF の収益の政府（財務省）への移管がなされているわけであり，2014 年 1 月から 9 月にかけては，それまでの収益が分割して移管されたわけである．このため，2015 年度に「財務省への支払」が急増しているのである．また，APF の設立以来，2017 年度末までの累積の収益は約 1150 億ポンド（政府への移管約 820 億ポンド＋ 2017 年度末損失準備金残高約 330 億ポンド）となっている．

　今後，出口に向けて政策金利が上昇するならば，APF の BOE への「支払利息」が増加していくこととなる．さらには，APF の国債購入はオーバーパー購入が多いことから，償還時には償還損が発生する．さらには，図 4-1 からわかるとおり，APF の購入国債の残存期間は長期のものが多いことから，償還時まで国債保有を続けると

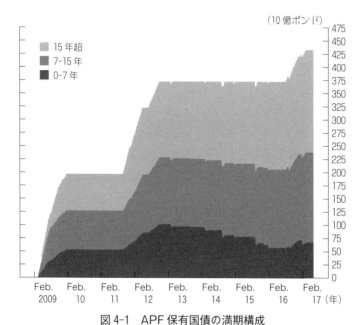

（10 億ポンド）

- 15 年超
- 7-15 年
- 0-7 年

Feb.　Feb.　Feb.　Feb.　Feb.　Feb.　Feb.　Feb.　Feb.
2009　10　11　12　13　14　15　16　17 （年）

図 4-1　APF 保有国債の満期構成

［出所］ *Bank of Englamd Quaterly Bulletin* ［2017Q2: 137］

するならば，金融政策の正常化には非常に長い期間を要することと
なってしまう．このため，BOE はその『四季報』において量的緩和
からの出口と，それが BOE の財務に与える影響について，メイン
シナリオを提示した上で，その予想を明らかとしているわけである
が，そこにおいては満期到来以前の APF による国債売却が当然の
こととして前提されているのである[10]．そうすると当然のことながら，
金利上昇局面において国債の売却損が APF において発生すること
が予想されるのである．もっとも，先に量的緩和を終了したアメリ
カの連邦準備制度（FRS）は，2019 年に入り利上げを停止し，資産

圧縮を一定程度以上は行なわないこととしており，超過準備が存在しないとういう状況には今後しばらくはならないことが明らかとなった．BOE においても超過準備が解消し APF が解散するという状態はかなり先となるかもしれず，資産売却は行われない可能性はあると見てよいわけであるが，これについては後述する．

ところで，2016 年 6 月のイギリスの EU 離脱の是非を問う国民投票の結果は，各方面に大きな影響を及ぼし，当然のことながら BOE の金融政策にも影響を与えた．政策金利の変更等については次節で検討することとして，新しく導入された社債購入制度や金融機関の融資促進策としての TFS（Term Funding Scheme）は，APF により行うこととされ，その APF 財務への影響が 2017 年度において「TFS 関連手数料」が計上されるなどの変化が生じている．

4 BREXIT の影響

前節において若干触れたが，いわゆる BREXIT に関する国民投票の結果はイギリス経済そして BOE の金融政策にも大きな影響を与えてきている．当然のことであるが，このことは BOE の財務にも影響を与えている．BOE は，『四季報』における論文［McLaren and Smith 2013］においては，出口の開始時期（当時において政策金利のフロアとられていた 0.5％からの利上げの時期）を 2016 年 3 月（政策金利 0.75％引上げ）と想定していた．さらに，その 6 ヶ月後の 2016 年 9 月には APF の資産売却アナウンスが行われ，これによりイールドカーブが 2％上方シフトするという想定がなされていた．

　BOE は，2016 年 8 月 4 日の金融政策委員会（MPC）の終了後に金融緩和の政策パッケージを公表した．その最大のものは従来フロアと考えられていた政策金利をさらに 0.25％引き下げ 0.25％としたことであった．マーケット等では，出口が遠ざかることが認識された．それ以外のものは，APF に関連したものであり，APF による ① 国債購入限度引上げ（3750 億ポンド→ 4350 億ポンド），② 新規の社債購入（限度 100 億ポンド，期間 18 ヶ月）制度の導入，③ 新規の貸出促進策としての TFS（Term Funding Scheme：期間 2016 年 9 月 9 日-2018 年 2 月 28 日）の導入というものであった．

　このうち②の新規の社債購入については，これにより社債利回りを低下させ企業の資金調達コストを引き下げることを目的したものである．これを APF の財務の視点から見るならば，社債利回りは国債利回りより高いことから若干のプラスであるといえよう．勿論，これについてはそれを狙いとしたものではない．③の新規の貸出促進策としての TFS については，以前の FLS（Funding for Lending Scheme）と似ているものであるが，FLS が TB を安い手数料で貸出し，それを金融機関が担保として利用することにより資金調達コストを引き下げることを狙いとしていたのに対し，TFS は直接的に金融機関に低金利の貸出を行うものである．また，FLS は BOE 本体が行っていたのに対し，TFS は APF がこれを行うという違いもある．具体的には，金融機関は基準時の貸出残高（Base Stock）の 5％に加えて基準時以降の貸出増加額まで APF からの借入れが可能である．期間は 4 年で適用金利は基本的に政策金利であるが貸出増の場合は求められないが，貸出減の場合には事後的に追加的な金利負担が求められる仕組みとなっている．これについても APF の

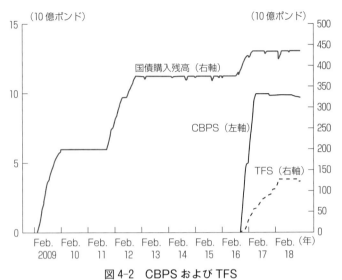

図 4-2　CBPS および TFS

[出所] *Asset Purchase Facility Quarterly Report* [2018Q4: 3]

財務の視点から見るならば，適用金利が基本的に政策金利であることから，ニュートラルであるといえよう．

　緊急的な追加金融緩和政策の導入後の実際の動きを**図 4-2** によって見るならば，①の国債購入残高については 2017 年 3 月においてほぼ上限に達し，それ以降は購入は基本的には行われなくなっている．再三述べていることではあるが，BOE の場合は緩和の度合いはストックベースであるということをマーケットも認識していることから，これは引き締めへの転換とは思われないのである．

　次に，②の社債購入（CBPS）であるが，これもまた導入後早期（2017 年 4 月末）には購入額の上限に達している．社債の金利の推移を**図 4-3** で見るならば，ハイイールド債の対国債のスプレッドは低

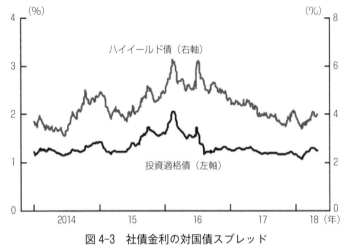

図 4-3 社債金利の対国債スプレッド

[出所] *Infulation Report* [2018 年 5 月：9]

下したが，投資適格債で見るならばそれほどでもない．ただし，
2017 年の社債発行額は一定程度増加している．（図 4-4：図表は毎月の
発行額が前月までの発行額に加えられている）また，③の TFS については，
当初予定の 1000 億ポンドを上回る 1270 億ポンド（2018 年 2 月末）の
利用残高となり，FLS よりは成功したようには思われる（図 4-2）．
しかしながら，基準時時点の貸出残高（Base Stock）は，1.27 兆億ポ
ンドであり，その 5 ％は 3180 億ポンド程度であり，これを遥かに
下回る水準である．制度設計においては貸出残高が 5 ％を上回れば，
その分だけ貸出枠が拡大されるとなっていたわけであるから，それ
ほどの成功とはみなせないであろう．そもそもビッグフォーと呼ば
れる大手 4 行のうち，HSBC およびバークレイズが不参加であった
ということが，この制度の限定的な性格を表している．このことも
あってか，TFS は，何度か制度の実施期間を延長し，その度に制度

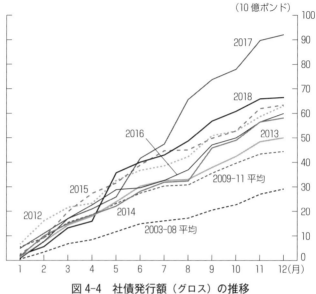

図4-4 社債発行額（グロス）の推移
[出所] *Asset Purchace Facility Quarterly Report* [2018Q4: 4]

の有効性に疑問符が付けられるようになったFLSとは異なり，制度の期間延長はなされなかった．もっとも，国民投票後に実施された緩和パッケージは，緊急避難的なものであったわけであるから，その意味では制度の実施期間の延長がなされなかったのは，当然のこととみなせるかもしれない．

　国民投票後のイギリス経済の動向は不透明感の中で好調とはいえないものの，直後における急落予想とは異なり比較的安定しているといってよい．一方で，ポンド安により輸入物価が上昇したことを主因に，2017年に入り消費者物価の上昇率はターゲットである2％を上回るようになり，3％近辺にまでなった．このこともあり，

BOE は 2017 年 11 月に政策金利を 0.25％引き上げ，0.5％とした．これをもって BOE の量的緩和の出口の出発点であるとみなしてよいかはその判断が難しいところである．量的緩和の開始時の 0.5％という政策金利の水準は，BOE もマーケットもフロアと認識していた水準であったからである．0.25％への引下げは，緊急避難的なものであり，0.5％からの引上げこそが量的緩和の出口への出発点とみなすのが妥当であろう．

　BOE（MPC）が政策金利を 0.25％引き上げ 0.75％としたのは，2018 年 8 月のことであった．物価上昇率が目標の 2 ％を上回っていることと，需要が強いことがその理由とされていた．この利上げこそが実質的な量的緩和からの出口の一歩であるとみなすことができよう．BOE は，インフレーション・レポートにおいて，今後の政策金利のマーケットによる動向予想を（FRB・ECB のそれとともに）示している（図 4-5）．2019 年 2 月のそれによれば，2021 年においても，BOE の政策金利の水準は 1.5％を下回っており，2019 年に入って以降その予想は低下している．一方で，BOE（MPC）は，政策金利が 1.5％の水準となるまでは，APF の資産売却は行わないとの方針を示してもいる[11]．これは，2013 年の『四季報』の論文 [McLaren and Smith 2013] におけるメインシナリオとは大きく異なるものであり，これにより BOE 本体の財務には影響はないものの，APF の財務はメインシナリオから大きくずれることとなる．収益は積みあがっていくものの，将来損失は大きくなる可能性も考えられるのである．

　ただし，量的緩和からの出口において子会社である APF の財務が悪化（場合によっては損失超過）することが，たとえば通貨ポンドの信認にどの程度の影響をもたらすかは，BREXIT の実際等の他の

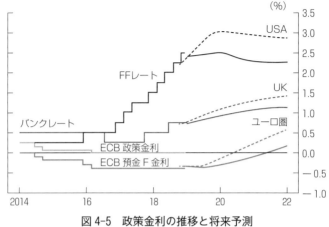

図 4-5　政策金利の推移と将来予測

[注] 実線は 19.2, 点線は 18.11 のレポートのもの.
[出所] *Infulation Report*［2019 年 2 月：2］

　要因もあり現時点で予想することは難しい. しかしながら, 量的緩和を行う子会社を中央銀行本体から分離し, そこに損失が生じた場合には財政負担とするという取り決めにより混乱が防げたとするならば, スレッドニードル・ストリートの老婦人の先見の明はあったと評価されることとなるかもしれないのである.

おわりに

　以上で量的緩和以降の BOE の財務状況について検討してきたわけであるが, BOE は非伝統的金融政策としての量的緩和の開始時点において, その出口における財務悪化を見通した工夫をしていたことが分かる. それが本章で何度も指摘した, 量的緩和（大規模資産

購入）の実働部隊としての子会社 APF の設立であり，そこに収益が発生した場合は財政収入に，損失が発生した場合には財政負担とするという取り決めがなされたことである．このため今後における政策金利の上昇，APF 保有国債の売却による損失等があっても，BOE 本体の財務には影響を与えないこととなっている．問題は，子会社の APF に損失が発生した際に，それが通貨ポンドの信認に影響することはないのかということであろう．このことは単純に財政赤字の拡大がということではなしに，APF の損失は実質的に「通貨の番人」としての中央銀行（BOE）の損失であるとマーケットが判断し，それが悪影響を及ぼすことはないのかということである．もちろん，APF を BOE 本体から分離したのは，中央銀行本体のバランスシートの健全性を維持することに価値を見出したからに他ならないであろう．これについては，実際の出口を日本銀行等の他の中央銀行と比較しつつ観察するしかないであろう．

　もうひとつの特徴は，出口政策の透明性とでもいうものである．まずは，2013 年の時点において『四季報』に出口におけるメインシナリオ等を提示した論文を発表したことである．もちろん，このメインシナリオは，2016 年 6 月の国民投票の結果もあり，実現しなかった．これをもって将来が不確定な中で安易な予想を公表することはいたずらに混乱を招くだけであるとう批判もありえよう．しかしながら，若干の混乱のリスクはあるにしても，出口の議論を完全封印するといった態度よりはよっぽどマシといえるのではないだろうか．

　なお，前述のとおり BOE（MPC）は，政策金利が 1.5％の水準となるまでは，資産の売却を行わないとしているが，それまでおよび

その後の状況がホームページにおいて試算できるようになっている.
これは,前述の『四季報』論文［McLaren and Smith 2013］の公表時に
おいて,Excel ファイルのスプレッドシートを掲載し,外部からアク
セスするものが今後の APF の財務状況を計算できるようにして
いるのである.また,その際の前提条件も事態の変化とともに変更
してきている.[12] 同じことを繰り返すことになるが,これは出口の議
論を封印するよりは遥かに優れた手法といえるであろう.

　BOE の金融政策の今後は,いうまでもなく BREXIT の実際がど
うなるか,そしてそれがイギリス経済,ポンド相場等に影響するか
に依存しており,それが不透明であることが最大の懸念要因である
といえる.金融政策は,その影響を大きく受けるわけであり,本章
の検討対象である BOE の財務にも大きな影響が及ぶこととなるで
あろう.そして BOE の今次危機に対応しての量的緩和等の採用に
関する種々の工夫が他の中央銀行対比でポジティブに作用するよう
な予想も可能であろう.最後に,冒頭の文章に関連して,BOE の財
務においては,発券部と銀行部の分離にはもはや積極的な意味は見
いだせなくなってきているということを蛇足的に付け加えておくこ
ととしたい.

　注

　1）この記述については,平山［2015］の「第 4 章　19 世紀イギリスにおけ
　　る貨幣理論の発展」を参考にしている.

　2）その理由としては,「当時は銀行券の最低額面が,5 ポンド（＝純金
　　1.177 オンス）と定められていて,このような高額銀行券は民間個人の取
　　引にはほとんど使用されなかった」［西村 1983：152］ことがある.

　3）勘定を分離しない形式での資産負債項目の毎週の公表は現在でも継続し

ている.

4）これとは別に法人税の納付がある.

5）2006 年 5 月の BOE の金融調節方式の変更について詳しくは，斉藤 ［2014］の第 2 章を参照されたい.

6）BOE 自身による QE の効果の説明の解説について詳しくは，本書の第 1 章を参照されたい.

7）FLS について詳しくは，斉藤［2014］の第 4 章および本書の第 2 章を参照されたい.

8）イギリスにおけるリテールペイメントの変化について詳しくは，斉藤 ［2017］を参照されたい.

9）この点について詳しくは本書の第 3 章を参照されたい.

10）この点について詳しくは，McLaren and Smith［2013］およびそれを解説した本書の第 3 章を参照されたい.

11）2018 年 5 月の MPC 後の声明.　土田［2018］は，この経緯を詳しく解説している.　なお，2015 年 11 月のインフレーション・レポートにおいては，均衡金利が 2％の水準になるまでは APF の資産売却に着手することが難しいとの見解が示されていた.

12）河村［2018：24］は，この BOE の態度を「すでに足かけ 10 年目という長丁場に入っている QE による国の財政運営への将来的な影響に関して，都合の良いシナリオばかりではなく，都合の悪いシナリオも含めて，最新のデータに基づき国民や市場関係者が誰でも簡単に試算を行って把握することができる態勢を整えているという，透明で誠実な情報開示姿勢がみてとれる」と評価している.　なお，同論文は実際にスプレッドシートに数値を代入した結果を細かく示している.

第5章

中央銀行デジタル通貨（CBDC）の検討

は じ め に

　一般的に中央銀行の機能とは，① 発券銀行，② 銀行の銀行，③ 政府の銀行の３つが挙げられる．このなかでは②の「銀行の銀行」機能が最も重要なものであることは論を待たないが，①の「発券銀行」機能もまた重要なものであろう．ただし，今日において一国の決済において決済の中心をなすのは，銀行預金の振替であり，ホールセール・ペイメントのほとんどはこれにより行われている．そして，銀行券による決済はリテール・ペイメントにおいてもそれほど大きな地位を占めているわけではない．なお，リテール・ペイメントの特徴を国際比較するならば，伝統的にはアメリカ，イギリス等の小切手社会においては現金決済の比率が低く，ドイツ等のジロー（振替）社会においては，現金決済の比率が高い傾向にあった．日本は，上記の２類型のうちのどちらかといえばジロー（振替）社会であるが，世界的にも突出して現金嗜好の強い国といってよいであろう．

　近年においては，リテール・ペイメントは大きく変化してきている．伝統的な小切手社会であったアメリカやイギリスにおいては，小切手使用は急減しており，代わってデビットカードがペイメントの主流となってきている．また，各国において電子マネーやモバイルウォレット（QRコード・カード等）等が急速に普及してきている．

　さらに近年において注目を集めているのは，ブロックチェーン技術を用いたビットコイン等の仮想通貨（暗号資産）である．これらは管理者がいないシステムであり価値の安定性の面で難があることか

ら，民間金融機関ベースでのブロックチェーン技術を用いた価値の
安定した仮想通貨（たとえばMUFJコイン）の実験も行われてきてい
る．

　こうしたなかで注目を集めてきているのが，中央銀行がデジタル
通貨（CBDC）を発行するという構想である．実際にウルグアイでは
中央銀行が2017年末にデジタル通貨の試験運用を開始している．
その他，世界で最もキャッシュレス化の進んだ国と言われるスウェ
ーデンにおいては，本格的な発行に向けての検討が進められている．
このような流れの中で，イギリスの中央銀行であるイングランド銀
行（BOE）もまたCBDCの検討を本格的に行い，その結果について
公表してきている．本章では，以下においてBOEにおけるCBDC
の検討について考察し，そこから将来のペイメントや銀行業，中央
銀行の姿について検討してみることとする．

1　リテール・ペイメントにおける銀行券

　中央銀行デジタル通貨（CBDC）の検討に入る前に，まずイギリス
における銀行券の現状について検討することから始めることとした
い．これについては2015年秋の『イングランド銀行四季報』に「こ
こ数10年において現金使用はどのように進化してきたか？将来に
おける需要には何が影響するのか？」［Fish and Whymark 2015］と題
するBOEのスタッフによる論文が発表されているので，まずこの
論文について検討することとしたい．

　同論文では，銀行券（実際にはコインを含めたキャッシュについて論じ

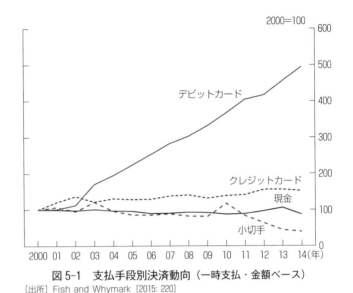

図 5-1　支払手段別決済動向（一時支払・金額ベース）

[出所] Fish and Whymark [2015: 220]

ているが，煩瑣となるため銀行券とする）について，種々の新規の支払手段の利用が増えてきてはいるものの，依然としてリテール・ペイメントにおける役割は大きく，現にその近年の発行残高は GDP 増加率を上回って成長しており，近い将来における廃止のようなことは考えられないとの基本的なスタンスをとっている.

　図 5-1 で見るように，かつて小切手社会であったイギリスであるが，近年においてはデビットカード利用が急伸しており，リテール・ペイメントにおける主流となってきているわけであるが，現金利用は伸びているわけではないものの，減少傾向にあるわけではない. さらに GDP 対比での銀行券発行残高を見たのが**図 5-2** であるが，1995 年頃までの低下傾向が逆転し，それ以降は上昇傾向にある

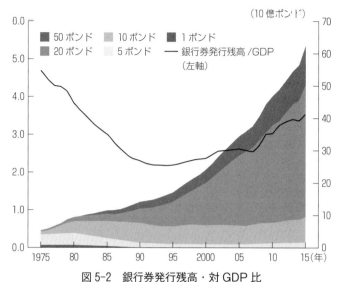

図 5-2　銀行券発行残高・対 GDP 比

[出所] Fish and Whymark [2015: 216]

　ことがわかる．これには低金利により現金保有のオポチュニティコストが低下していることが影響しているではあろうが，同論文はこれは世界的な傾向であると指摘している（**図 5-3**）．ただしこの図を見ればわかるとおり，世界で最もキャッシュレス化が進展している国といわれるスウェーデンの銀行券（クローナ）の近年における発行残高は減少している．これは人々がエレクトロニック・ペイメントを広範に利用していることの結果であるが，同論文は，そのスウェーデンにおいても 2014 年時点において，現金は 1 人当たり 7800 クローネ（590 ポンド）の残高があり，総支払の 20％を占めており，依然として重要な支払手段であると指摘している[1]．

　2015 年 7 月末時点においてイングランド銀行券の発行残高は，

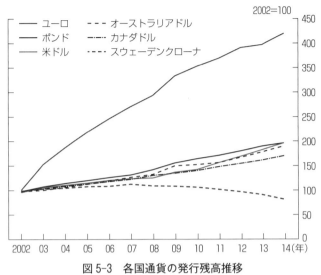

2002=100

図 5-3　各国通貨の発行残高推移

[出所] Fish and Whymark [2015: 222]

約 630 億ポンド（1 人あたり約 1000 ポンド）であるが，その保有動機は国内経済における日々の支払いのためだけではないと同論文は指摘している．同論文は，銀行券の保有動機として① 交換手段（取引動機による保有）と② 価値保蔵手段（退蔵動機による保有）に大別し，これにそれぞれ (1) 国内経済，(2) 海外経済，(3) シャドーエコノミーを対応させ，6 種に分類している．このうち①-(1) の国内経済・交換手段は，全体の 25-30％にあたる 150-190 億ポンドであると推計している．これをさらに保有者別にみるならば，(ア) 金融機関が約 100 億ポンド，(イ) 消費者が 30-40 億ポンド，(ウ) 小売業者が 20-50 億ポンドとの推計となっている．そうすると銀行券の 70-75％は，国内経済の取引のための保有以外の目的で保有されて

いるものであり，それは現金が取引においても保有においても匿名性が保たれることが大きく影響しているといえそうである．このことは，近年における「高額紙幣廃止論」においても強調されていることである[2]．

　同論文は，将来的な銀行券への需要に影響を与えるものとして，① その他の支払い手段の動向，② 代替的通貨（地域通貨・デジタル通貨等），③ 小売業者・商業銀行の選好，④ 政府介入，⑤ 社会経済的発展，⑥ 公衆の現金志向を挙げている．このなかで③の小売業者・商業銀行の選好に関連しては，ブリティッシュ・リテール・コンソーシアムによる 2014 年の調査を引用し，小売業者にって現金による販売は，デビットカードの 8 分の 1，クレジットカード 30 分の 1 以下のコストとなっているとしている．これは，キャッシュレス化推進論者が，如何に現金使用が個別の経済主体におけるコストとなっているだけでなく，社会的なコストとなってるかを強調しているのと対照的である[3]．

　最終的に同論文は，銀行券の利用は減少していくではあろうが，それへの需要は堅調であり続けるであろうし，近い将来において無くなることはないと結論付けている．

2　仮想通貨についての検討・評価

　近い将来において銀行券が無くなることは考えられないとするイングランド銀行（BOE）であるが，近年の情報技術革新とそれも影響したペイメントシステムの変化には強い関心を有している．なか

でもビットコイン等の仮想通貨については大きな関心を示し，それについての研究を行ってきている．2014年には『イングランド銀行四季報』に，「支払技術の革新とデジタル通貨の出現」と題する論文［Ali et al. 2014a］を発表している．

　同論文においては，近代的支払決済システムにおいては，支払決済を安全に遂行するための信頼できる第三者機関が必要であるとしている．これは日本であれば全銀システムのような大型のホストコンピュータを擁する中央機関に数多くの金融機関が接続され，その決済については日銀ネットを利用して中央銀行通貨（準備預金）の振替によりなされるようなシステムのことであろう．これに対して，ビットコインのようなデジタル通貨は，非集中型というか分散型の支払決済システムである新たな通貨の出現と捉えることができるとしている．

　同論文は，ビットコインのようなデジタル通貨は，新たなペイメントシステムであり新たな通貨であるとしている．そのユーザーは，伝統的通貨や財・サービスの支払いを銀行のような第三者を必要とせずに行っている．そして，その（通貨）創造は，中央銀行によるコントロールを受けてはいないとしている．

　現代のペイメントシステムは，基本的には銀行預金の振替により行われ，銀行間の決済は中央銀行通貨の振替により行われる．そして銀行の預金はマクロ的には銀行による貸出により創造される．同論文は，このようなプロセスは16世紀以来変化していないとしている．ただし，ここ50年の技術変化には2つの鍵となる変化がある．その第一は，記録および台帳が，紙ベースから電子形態となってきたということであり，それが取引のスピードを速くし，オペレーシ

ョナルリスクを低減してきた．その第二は，低コスト技術の出現が
種々の新しいペイメント手段を出現してきたということである．同
論文においては，第二の変化として，① ラッパー（Wrappers）：
Google Wallet, Apple Pay, Paym（イギリスの携帯番号のみで銀行口座
間の送金ができるシステム），② モバイル・マネー：M-Pesa（ケニア等に
おける携帯電話を用いた支払送金システム），③ クレジット・地域通貨：
オンラインゲーム内でのクレジットおよび種々の地域通貨の他に，
④ デジタル通貨を挙げている．

　このデジタル通貨については，「すべてのスキームは，コンピュ
ータ・ネットワーク全体で共有されている公開されている元帳（台
帳）を表示している．そして，それぞれのデジタル通貨スキームの
特徴を定義するキーは，ユーザーが元帳（台帳）の変更に同意する
プロセスである．」［Ali et al. 2014a: 265］と説明している．さらに，
「ほとんどのデジタル通貨は暗号化の分野の技術を利用してコンセ
ンサスを得ている点で“暗号通貨”である．少数の非暗号化デジタ
ル通貨も存在し，その中で最も有名なのはリップルであり，非暗号
化の手段によりコンセンサスを求めている．」［Ali et al. 2014a: 265］と
も説明している．なお，それに関する注においては，分散型ではな
く集中化された元帳（台帳）を持つデジタル通貨も可能であるとし
ているが，その時点においてそのようなデジタル通貨が存在しない
ことから，同論文においては取り扱わないとしている．

　同論文は，続いて 2009 年 1 月に出現した最も有名な仮想通貨で
あるビットコインについての説明を行っている．それは上記の特徴
を有する者であり，一般的には「暗号通貨（cryptocurrency）」とも呼
ばれているとしている．以下，同論文による紹介を追うことにする

と，ビットコインのユーザーは，その人物は特定されない．ユーザー達は，デジタル・ウォレットをコンピュータ上に保有し，ユーザー間においてビットコインと伝統的通貨や財・サービスとの交換を行う．このデジタル通貨における最大のイノベーションは，「分散型台帳（distributed ledger）」であり，支払を行いたいと考えているユーザーは，支払指図を行い，それがその他のユーザーネットワーク中に発信される．標準化された暗号技術が，その取引が正当なものであることを承認することを可能としている．ネットワーク内における「マイナー（miner）」として知られるユーザーが1ブロックの取引を集計しそれが正当であることを証明しようと競争している．このサービスのリターンとして，取引の1ブロックをうまく正当であることを証明したマイナーは，新しく創造された通貨の割り当てと，ユーザーが当該の取引を行うために提供した取引手数料の両方を受け取ることとなる．

　このビットコインは，2100億ビットコインが上限とされており，これは2040年までには到達するとされている（同論文執筆時点では約1300億ビットコイン）．さらにビットコインについて価格が乱高下していることを同論文は指摘している．

　このビットコインを始めとする仮想通貨について，それが普及してきた要因について，同論文は① イデオロギー，② 金融上の利益，③ より低廉な取引手数料の追求の3要因を指摘している．①のイデオロギーとは，中心的主体によるコントロールを受けることがないということと参加者が第三者を信頼する程度を最低限に抑えるということである．②の金融上の利益とは，供給に上限が設定されていることおよびその認知度が高まることに関連するものであり，そ

れが投資のための資産となっているということである．③の低廉な取引手数料の追求は，仮想通貨の普及を推進してきた人々が強調したことであるとしている．

　全体的に同論文は，仮想通貨が将来的にペイメントシステムの主役に躍り出ることはないであろうとの予測をしている．それは，供給に上限が画されていたり，それとの関連もあり価格が乱高下すること等が理由である．しかしながら，それが利用している「分散型台帳」については，非常に重要なイノベーションであるとの評価を行っている．その要点は，全ての参加者が取引をチェックできるため，中央管理機関が必要ではないことであるとしている．中央管理型のペイメントシステムには，① 信用リスク，② 流動性リスク，③ オペレーショナルリスクといった諸リスクが存在する．これに対して，分散型のペイメントシステムにおいては，仲介機関が存在しないために① 信用リスクと② 流動性リスクが存在しない．さらに③ オペレーショナルリスクについては，中央機関が存在しないことからシステミックなそれについては耐性があるとしている．

　なお，詐欺リスクについては，「分散型台帳」システムにおいては，支払いをするときにユーザーがその完全な支払い詳細を開示する必要はないことから，支払いの詳細が小売業者から盗まれる危険性はない．一方で，デジタル通貨の直接的な損失のリスクは，商業銀行の預金より高い．ユーザーが，プライベートキーを紛失した場合は，当該デジタル通貨を回復することはできないとしている．さらに重大な分散型システムのリスクとして同論文が指摘しているのがシステムワイド詐欺リスクである．これはコンセンサスを得るプロセス自体が漏洩するリスクである．暗号通貨スキームは，そのような攻

撃をするためにはネットワークマイナー全体にわたって，コンピュータの総パワーの大部分を持続的に制御することを要求するように設計されているが，これは 50％を超えなくともよいともいわれている．これからわかるように，「分散型台帳」システムを利用する仮想通貨（暗号資産）にも，それに独自のリスクは存在するのである．

ただしこの「分散型台帳」システムには，仮想通貨での利用にとどまらないものがあり，それはほとんどの金融資産（株・債券等さらには金・銀等にも）に適用可能であり，その意味では金融システムのインフラストラクチュアは，徐々に種々の「分散型台帳」システムへと変化していく可能性があると結論付けている．

なお，『イングランド銀行四季報』の同じ号には，同じ著者による「デジタル通貨の経済学」と題する論文［Ali et al. 2014b］も掲載されている．同論文は，前論文を受けて経済学における貨幣論の観点からデジタル通貨を解明しようとしたものである．

同論文は，デジタル通貨と中央銀行券や銀行預金といった現代の主流の通貨との違いは，後者が発行者の債務（負債）であるのに対して，前者は誰かの債務（負債）であることはないことを挙げている．その意味でデジタル通貨は商品貨幣（金貨幣等）と類似しているわけであるが，それは有形物ではないことが商品貨幣とは異なる点であるとしている．さらに現代の通貨の主流である銀行預金は貸出により新たに創造され，経済の必要に応じて増加する（させる）ことが可能であるのに対して，デジタル通貨は通常はその供給上限が画されていることが違いであるとしている．

同論文は，貨幣の機能について，① 価値保蔵手段，② 交換手段，③ 計算単位であることを確認し，そして① 価値保蔵手段は，住宅

においてもその要素はあり，② 交換手段としては最低限 2 人がそれを価値保蔵手段として認めなければならないとしている．そうすると，ある資産が③ 計算単位として認められることが，社会的に交換手段として通用する基礎となっていることから，それが貨幣の最重要機能であるとしているのである．

　これに続けて同論文は，「デジタル通貨は貨幣か？」との問いを検証している．まず「理論的には，デジタル通貨は，インターネット対応のコンピュータまたはデバイスを使用している人にとっては，貨幣として機能する可能性がある．」［Ali et al. 2014b: 279］としたうえで，現状においてはその広がりは（特にイギリス国内においては）限定的であるとしている．そして，デジタル通貨の貨幣の三機能からみた評価に移るわけであるが，ある資産が① 価値保蔵手段として人々に認められるためには，当該資産の将来的な需要・供給についての信頼がなければならないとしている．それは将来的に② 交換手段として使用可能であることおよび需要があり続けることについての信頼であるとしている．しかしながらデジタル通貨の価格（伝統的通貨との交換レート）のボラティリティはあまりに大きく，① 価値保蔵手段としては適切なものではないとしている．デジタル通貨の② 支払手段としての若干の利用はあるものの，その量はネグリジブルであるとしている．さらにデジタル通貨の③ 計算単位としての使用の証拠はほとんどないとしている．

　さらに同論文においては，論文執筆時点においてデジタル通貨による支払いや送金関連のコストが低いことについて持続可能であるか否かについて考察している．取引関連のコストが低いことは，マイナーに支払われる補助金如何ということになる．そしてそれはデ

ジタル通貨の価格のみに依存している．さらにそれはマイナー達の
デジタル通貨の将来価格についての予想にも影響される．そしてそ
れはマイナー達がデジタル通貨の将来について楽観的である限りに
おいて持続することができるとしている．しかし，デジタル通貨が
ペイメントシステムとして持続的に使用されることについての重大
なリスクは，独占的マイナーとなることでしか低いコストを維持す
ることができず，そのことは当初のデザインとは異なり，それをシ
ステムワイドの詐欺にさらすことになると，低い取引コストの持続
性に疑問を投げかけている．

　さらに現状において通貨として広範に受け入れられているわけで
はないデジタル通貨のより根本的な問題点として同論文が指摘して
いるのが，それに供給上限が画されていることである．したがって，
それが仮に一般化するとしたならば，マネーサプライは伸びないと
いうことであり，これにはマクロ経済的にみてデフレーションを通
じる経済厚生の低下につながる惧れがあると評価している．

　もちろん同論文執筆時点においてデジタル通貨は，イギリス国内
において残高においても取引量においても大きなものではなかった
わけではあるが，それが一般化した際のリスクについても同論文は
検討している．

　その金融上の安定に与えるリスクとしては，価格が暴落した際の，
① デジタル通貨の保有者およびそのための貸出を行った者に生じ
るリスク，② システム上重要な金融機関が，デジタル通貨関連でヘ
ッジをせずにエクスポージャーを保有した場合のリスク，③ デジ
タル通貨がデリバティブズ等の金融商品と関連している場合のリス
クを指摘している．さらにデジタル通貨が一般化した場合における，

独自のリスクとしては，先述のシステムワイド詐欺の問題があると指摘している．すなわち，「一人のマイナーもしくはマイナー達の連合がデジタル通貨で計算能力の持続的大多数を管理するようになった場合，それらはどの支払いが許可されるかを制御したり，さらには詐欺的な「二重支払い」を行うことさえできる．」[Ali et al. 2014b: 282-283] というリスクである．さらに現時点では想像することは難しいものの，銀行への取り付け騒ぎからの保護の必要性から，部分準備銀行業がデジタル通貨により，規制されない形態で出現するのであれば，それはリスクとなりうるとしている．

　また，マネタリーな安定性に与えるリスク，すなわち金融政策上のリスクとしては，現時点ではほとんど考えられないが，それが一般化した際には話は別であるとしている．ほとんどの取引がデジタル通貨により行われるようになった場合には，BOE の金融政策の物価や実体経済に与える影響力は大きく損なわれることとなるであろうとしている．ただしそのようになる可能性は極めて低いと予想している．

　その他の考えられるデジタル通貨の問題点として同論文が指摘しているのが，消費者保護，課税，マネーロンダリング，金融テロリズム等の犯罪に関連することであるが，これらについては同論文は考察の対象とはしないとの断りをしている．

　なお，同論文には本文の他に 2 つのコラムがあるが，そのうちの285 頁の「デジタル通貨に基礎を置く銀行システムは出現可能か？」と題するコラムには興味深い論点が示されている．そこでは「金融機関がデジタル通貨建ての IOU を公衆に発行することは少なくとも想像しうることである．」[Ali et al. 2014b: 285] と述べられて

おり，そのような債務（IOU）を発行する機関が，その債務とデジタ
ル通貨を 1 対 1 で対応させるのであれば，それは一種の"ナロー"
バンクとなるであろうとしている．そして，デジタル通貨の供給量
に上限が画されているのであれば，貸出等によるデジタル通貨の創
造も可能であり，それは部分準備銀行業的なものとなるとしている．
そうすると，この部分準備銀行業に基づく信用創造は，中央銀行等
による規制・監督の対象となるのかという重要な問題が生じるであ
ろうとしている．

　さらに同コラムは，歴史的に存在したフリーバンク（自由に発券を
行っていた民間銀行）について考察し，そこには過剰発行の問題が存
在したことを指摘している．過剰銀行券発行には短期的な利益は存
在したが，そのような銀行券はディスカウントされ，結局のところ
生き残れなかった．既存のデジタル通貨のプロモーターは，過剰発
行の裁量権を持たないことから，フリーバンキングとのアナロジー
は適当ではない．しかし，将来的にデジタル通貨がより柔軟なマネ
ーサプライ規則を採用するようになれば，フリーバンキングとのア
ナロジーがより重要になる可能性があると指摘している．

3　One Bank Research Agenda

　イングランド銀行（BOE）は，2014 年秋の上記 2 論文の公表後の
2015 年 2 月に "One Bank Research Agenda"［Bank of England 2015］
というペーパーを発表し，そこにおいて近年の金融をめぐる環境変
化に対応して，その抱える問題点を総合的・横断的に分析する必要

があることを明らかとし，パブリックコメントについても求めることとした．

　同ペーパーにおいては，① 政策の枠組みと相互関連，② 規制，処理，市場構造の評価，③ 政策のオペレーション化および実行，④ 新しいデータ，方法論，アプローチ，⑤ 基本的変化への対応の5つの検討課題が提示されている．

　まず，① 政策の枠組みと相互関連においては，「国内的および国際的な金融政策，マクロプルーデンス政策，ミクロプルーデンス政策に関連した中央銀行政策の枠組みと相互関連」の検討が重要であるとされ，システミックリスクや資金の国外流出，より一般的には国際的な金融の「システムワイド」のリスクマネージメント，さらには政策形成が超国家的となることが多くなる中で，このことは各国中央銀行がそれらの目的を達成するうえで，どのような課題を抱えることとなるのであろうかという課題が存在することを指摘している．

　② 規制，処理，市場構造の評価においては，「金融危機の観点および金融仲介の性格変化に直面しての規制，整理および市場構造の評価」が重要であるとし，金融危機以降は，規制政策は，システミックリスクの最小化に重点を置くようになってきたが，システム全体の状況における改革の全体的な影響の評価，特に銀行部門以外についての評価は比較的少ないということを問題視している．さらには，規制改革が伝統的な銀行セクターの外部による金融仲介の近年の増加傾向についてもこれを増幅させるかもしれないとの指摘も行っている．これは，デジタル通貨についても若干意識していると読み取ることは可能であろう．

③ 政策のオペレーション化および実行においては,「中央銀行業のオペレーション化：政策実行，監督，コミュニケーションの評価および強化」が重要であるとされ，危機対応についての非伝統的な中央銀行による介入の現時点における評価がまずは必要であるとしている．イングランド銀行等の各国中央銀行は，危機対応のために種々の非正統的な政策を採用したが，それらは平時においても有効なツールとなるのか．また，金融機関による過度のリスクテイクを促すような可能性を最小限に抑えるために，そのような政策をどのように最も効果的に設計することができるのであろうかという点を問題点として提示している．

④ 新しいデータ，方法論，アプローチにおいては,「家計および企業の行動，国内的および国際的なマクロ経済，ならびに金融システムのリスクを理解するための新しいデータ，方法論およびアプローチの利用法」の検討が必要であるとされ，新規かつ高頻度で収集されるようになってきたデータの活用により，金融市場のダイナミクスや資本市場におけるリスク等の理解を深めることができるのではないかとしている．また，以前においては提供されなかった歴史的時系列データが近年の数多くの政策論議により再構成されており，過去のイギリスのマクロプルーデンス政策手段の効率性，銀行の流動性と自己資本の変化の影響，もしくは信用，経済，危機の間の関係の計測について明らかにしつつあるともしている．

そして⑤ 基本的変化への対応においては,「中央銀行は，基本的な技術的，制度的，社会的，環境的変化に対応していく」とされ，重要な変化としては，人口動態，長寿命化，格差，気候変動，エマージング経済の重要性の増加が挙げられているが，これらに加えて

「デジタル通貨の発展」が挙げられている．新しいデジタル通貨ないしはeマネー，支払および金融仲介の新しい方式は，金融規制，一般的な貨幣需要，特に中央銀行貨幣についての基本的な問題を呼び起こすこととなっているとの認識がまずは示されている．そして課題として「中央銀行はデジタル通貨を発行すべきか」ということが明確に意識されている．さらに，そのような際に現にある支払決済システムに与える影響は如何なるものかといったものあるか，ビットコインの背後にある暗号技術は転用可能なものであるか，もし新しいノンバンク信用機関が大々的に出現したとするならば，金融規制はいかなる形で提要される必要があるのか等の問題点が提示されている．

　以上のように，このBOEの "One Bank Research Agenda" においては，中央銀行 (BOE) によるデジタル通貨の発行が，変化が激しい現状において中央銀行の課題を総合的・横断的に分析する際における，重要な問題点・将来的課題のひとつとして明確に位置づけられているのである．

4　中央銀行デジタル通貨 (CBDC) の検討・評価

　"One Bank Research Agenda" において，イングランド銀行 (BOE) は中央銀行デジタル通貨 (CBDC) の発行が重要な課題であると表明した1年後の2016年2月に，同行のブロードベント副総裁 (金融政策担当) はロンドン・スクール・オブ・エコノミクスにおいて「中央銀行とデジタル通貨」[Broadbent 2016] と題する講演を行っ

た.

この講演は，イングランド銀行が中央銀行デジタル通貨に関して，その発行の可能性があるのか，発行するとするならばそこにはどのような問題点があるかについて簡潔に説明していることから，以下でそれについて検討することとしたい.

まず同副総裁の講演は，導入部に続いてビットコインのような民間部門におけるデジタル通貨について述べているが，そこでは現時点においても将来的にもこうしたものが現在の通貨（現金通貨・預金通貨）に取って代わることは考えづらいとしている．これは前に紹介した『イングランド銀行四季報』の2論文と同様な評価・予想であるが，ここにおいても「分散型台帳」についてはこれまでにない技術革新であり，金融業務等を大きく変える可能性があるものであるとの見解を示している．その技術は「非中央集中的仮想清算機関・資産登録機関」として使用できるものであり，現状の中央集中型のそれらが高コストであることから，そこに大きな可能性を見出している.

そしてここにおいて集中的に論じられているの CBDC である．まず同副総裁は，現代における支払決済は銀行預金の振替により行われていることを確認したうえで，それが同一銀行に2当事者が預金口座を持っている場合は別であるにしても，取引銀行が異なる場合（これが一般的なケースであるが）には，最終的な決済（インターバンク決済）は中央銀行通貨としての準備預金の振替により行われると説明している．銀行間の資金の振替を行うことは中央銀行の重要な業務であり，それらがどのようにして登場してきたかにもかかわるものであるとの確認を行っている.

　CBDC にはいくつかの形態があろうが，その中には分散型台帳システムを準備預金に利用するということは当然に含まれると，同副総裁は指摘している．これは，既存の参加者がより効率的に中央銀行通貨を交換することができるプラットフォームを作成するということである．その際に，その権利を既存の参加者以外に開放すべきではないかの論議は発生するとしている．現実にも新しいテクノロジーが既存の参加者以外に開放されるケースは，RTGS にいくつかのノンバンクが参加するといったケースですでに生じていることなのである．「分散型台帳」システムは，そのプロセスをさらに容易にするであろうし，準備預金へのアクセスをノンバンクだけでなく一般企業や家計にまで拡張する可能性を有していると述べている．仮にそうなったとするならば，中央銀行の負債である準備預金は，商業銀行のみが有する請求権ではなく，銀行券のようなすべての経済主体が中央銀行に有する請求権（中央銀行の負債）となるとしているのである．

　同副総裁は，ここで商業銀行のバランスシート（**図 5-4**）と中央銀行（イングランド銀行）のバランスシート（**図 5-5**）を示したうえで，前者は負債が流動的である預金の一方で，資産は非流動的な貸出金がそのほとんどであり，預金債務の準備は部分的なものに過ぎない（部分準備制度）ことを説明している．商業銀行のこの「期間変換」機能は，そのバランスシートにおける本質的な脆弱性であるとしている．このために預金保険制度や中央銀行の「最後の貸し手機能」が存在していると説明している．

　ここで CBDC の登場により，商業銀行の預金が中央銀行（CBDC）へと向かうとしたならば，それは"ナロー"バンクに近づいていく

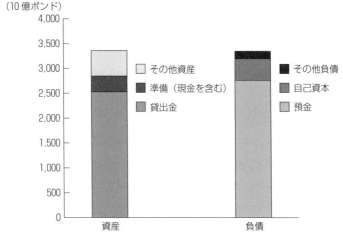

図5-4 部分準備（商業銀行［英銀］の資産・負債）

[出所] Broadbent [2016: 9]

ことを意味するとしている．"ナロー"バンクとは，その負債対応
の資産が流動資産である銀行のことであり，理論的には，それはよ
り安全な銀行でもあり，預金保険はそれには必要はないとしている．
"ナロー"バンクには，スミス，リカード以来，多くの提案があるが，
同副総裁は注目される提案として1987年のトービンによる"預金
化通貨口座（DCA）"の創設提案［Tobin 1987］を紹介している．これ
は政府が預金の預金の利便性と通貨の安全性，本質的には預金であ
る通貨を，小切手またはその他の命令によって任意の金額で譲渡可
能な媒体を公衆に利用可能にするべきであるとの提案である[4]．この
トービンの提案は，同副総裁によれば，それが「分散型台帳」が考
え出される以前のものであること，およびそれが預金吸収全体の国
有化提案ではないということが注目されるとのことである．トービ

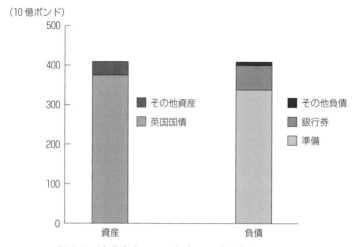

図 5-5　流動資産のみを保有する中央銀行（BOE）

[出所] Broadbent [2016: 9]

ンは，商業銀行がそれら自身の預金を集める余地がまだあるべきであり，それらは保険をかけられ続けるべきであると考えたとしている．

　この後者の論点は，CBDC において極めて重要な論点となる．CBDC にすべての経済主体がアクセス可能ということになれば，危機時においては企業，家計等はその商業銀行預金を CBDC へと振り替えることとなり，やがて商業銀行には預金は存在しなくなるかもしれない．そうすると商業銀行から貸出を預金設定により行うという信用創造機能が失われることとなり，そのことを講演において同副総裁は懸念しているように思われる．そのこともあり，同副総裁は CBDC については，否定はしないものの慎重な検討スタンスを取っているように思われるのであり，これはイングランド銀行の

公式見解に近いものとみなしてよいものと思われる.

　この点は,同行のカーニー総裁が,2018年3月に行った「貨幣の未来」とのタイトルの講演［Carney 2018］において,「分散型台帳技術における現時点における技術的な難点と,すべての人に中央銀行口座を提供することのリスクを考えると,真の利用可能な信頼できるCBDCは,近い将来において見通すことができるとは思われません.」と発言していることからも確認できる.

　ただし,BOEはこの問題についての研究をやめたわけではなく,継続的に研究することを明らかにしている.2018年5月には,複数のスタッフ・ワーキングペーパー［Meaning et al. 2018; Kumhof and Noone 2018; Siciliani 2018］が発表されており,そのいずれにおいてもCBDCが否定的な評価がされているわけではない.たとえば,Meaning et al.［2018］においては,CBDCの導入によっても「金融政策は,中央銀行通貨の価格と量を操作することにより,現在と同様の運営が行うことが可能であり,トランスミッションは政策手段の変化により強化されるかもしれない.」と結論付けている.

　同ペーパーは,CBDCの形態を「すべての経済主体がアクセス可能で,アカウント・ベースで,付利がされる」ものと仮定して検討している.アクセスの範囲については,銀行等のみとすることもありうるし,ビットコインのようなトークン・ベース（銀行券もこの範疇となる）も可能であり,付利はされないものも想定されるが,このような仮定の上で検討しているのである.そうすると,CBDCの導入により,経済の各部門のバランスシートは**図5-6**のように変化する.中央銀行は,負債において銀行券が減少し,準備預金がCBDCに代わり,バランスシートは拡大する.民間銀行部門は,資産にお

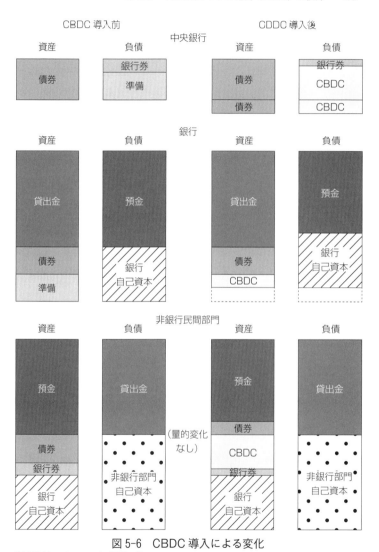

図5-6 CBDC導入による変化

［出所］Meaning et al.［2018: 9］

ける準備預金（中央銀行預け金）が量的に縮小してCBDCとなる．バランスシートの負債の減少は，預金の減少ということとなる．そして，非銀行民間部門は，バランスシートの量的な大きさ自体は変化しないが，資産における預金と債券と銀行券が減少し，その分だけCBDCに振り替わっている．

　この状況から，中央銀行がCBDCの供給を増加させようとする際の方法が民間非銀行部門からの債券の購入である．それを示しているのが**図5-7**であり，民間非銀行部門の債券が減少し，CBDCが減少している．この場合においては，民間銀行部門のバランスシートは変化しないが，民間非銀行部門が預金を取り崩してCBDC保有を増加させるのが**図5-8**に示されている．これは金融危機において生じやすい事態であるが，これにより民間銀行の預金が減少し，バランスシートが縮小する．これがブロードベント副総裁の講演にあった“ナロー”バンクに近づいていくひとつの例であろうが，この傾向がどのように進むかは予測が難しい．同ペーパーは，民間銀行の預金には当座貸越機能等があることや付利水準をCBDCより高くすることにより共存は可能であるとしている．また，金融危機時においては，民間銀行預金からCBDCへの急激なシフトが起こりうることを，ブロードベント副総裁もカーニー総裁も講演において懸念していたが，同ペーパーにおいては，①民間銀行預金からCBDCへの変更に通知期間を設けること，②一定限度以上のCBDCには付利しないこと，③非常に高額のCBDCには手数料を課すこと等により管理可能であるとの見解が示されていることは興味深い．

　しかしながら，「すべての経済主体がアクセス可能で，アカウン

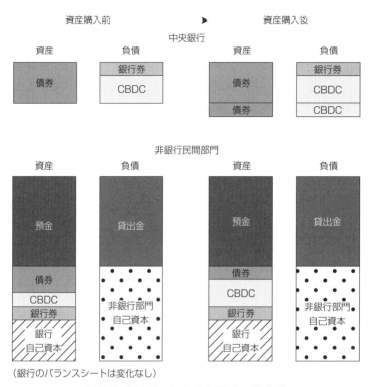

図5-7　資産購入による CBDC の供給増

[出所] Meaning et al. [2018: 11]

ト・ベースで，付利がされる」形態の CBDC には，民間銀行預金か
らのシフトと民間銀行の"ナロー"バンク化傾向というものはある
とみなすのが自然であるように思われる．そしてこのことは，現行
の中央銀行は基本的に民間銀行とのみ取引を行い（銀行の銀行），民
間銀行は非銀行部門の需要に応じて（その審査を行った後に）預金設定
により貸出を行いマネーを供給するという2段階システムがどのよ

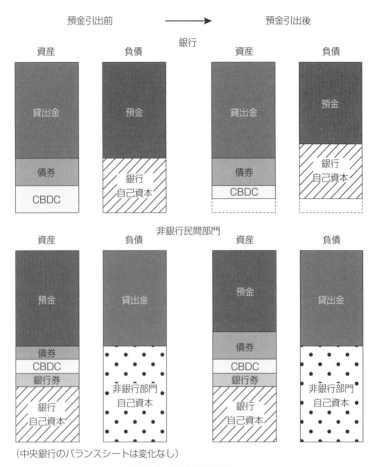

(中央銀行のバランスシートは変化なし)

図 5-8　預金流出の影響

[出所] Meaning et al. [2018: 13]

うになるか，その変化が経済システム全体にどのような影響をもたらすかを慎重に検討する必要があることを明らかにしているのではないであろうか．

おわりに

　以上，本章においては，イギリスにおける銀行券の発行および使用状況を確認したうえで，BOE がビットコイン等の仮想通貨についてどのように考えているのかについて確認した．BOE の基本的なスタンスは，ビットコイン等は貨幣の要件を備えておらず，近い将来において支払決済システムの中核となったり，一定程度の役割を果たしたりすることは考え難いとのものであった．ただしそれが依拠する「分散型台帳」システムについては，支払決済システムを大きく変える可能性のあるイノベーションとして評価するというスタンスであった．

　そして，近年の金融をめぐる環境変化に対応して，その抱える問題点を総合的・横断的に分析するための課題を明らかにした "One Bank Research Agenda" においては，その他の課題と共に CBDC が重点課題として明確に位置づけられていたことを明らかとした．

　その後の BOE の検討においては，スタッフ・ワーキングペーパーにおいては CBDC の導入後においても金融政策の有効性は低下せず，トランスミッションメカニズムに悪影響はないとのものがある．ただし，本章で紹介したとおり，ブロードベント副総裁の講演等においては，民間銀行の"ナロー"バンク化への懸念も示されて

いる.

BOE の CBDC の検討は主として「アクセス型ですべての経済主体がアクセス可能で付利される（マイナス金利も可能）」形態のものとして行われている[5]. ただし, CBDC にはその他の形態も可能性として想定されている（この他, 中央銀行がトークン形式の電子マネーを発行する方式も想定されるが, イギリスにおける CBDC の構想において主流とはなってはいない）. その代表的なものは, アクセス型を前提としたうえで,「アクセス可能な主体を民間銀行（および一部ノンバンク）に限定する」というものである[6]. これを前者を① 中央銀行直接発行型, 後者を② 民間銀行仲介型と名付けるとするならば, 木内登英は, ① 中央銀行発行型は,「個人や企業の取引履歴情報が中央銀行に集中してしまうという問題」［木内 2018：214］があることから, ② 民間銀行仲介型の方が, 世論の反発の少ない現実的な方法であるとしている.

さらに木内は, ① 中央銀行直接発行型の場合には, ブロードベント副総裁と同様に民間銀行の "ナロー" バンク化が進展する点についての懸念を表明している. 銀行の役割として大事なものとして貸出を預金設定により行うことによりマネーを増加させることができることを挙げており, この信用創造機能が失われた時の影響は未解明であることから, この面からも現行の銀行制度との並存が可能な② 民間銀行仲介型の方の方がどちらかといえば望ましいというニュアンスを示している.

この点, すなわち民間銀行の信用創造機能が失われることの影響をどのように考えるかというのは CBDC を検討する際に重要な論点となろう. CBDC の検討に最も積極的であったスウェーデンのリクスバンクが, 2018 年末に CBDC（e-krona）の発行の是非を決定す

る予定であったのが 2019 年末までに期限が延長されたことと，この問題が関連するか否かは興味深いことである[7]．

　金融危機により民間銀行の資産・負債構造の脆弱性が明らかとなる一方で，FinTech の発展は現金使用・保蔵のコストを意識させるようになってきている．そこで登場したのが CBDC なのであるが，これは民間銀行の"ナロー"バンク化であり，中央銀行が「銀行の銀行」だけでなくなることであり，2 段階システムにおける民間銀行による信用創造（預金設定行為）との関連が改めて問題点として浮上してきているのである．

　かつて吉田暁は，"ナロー"バンク論等の 100％準備論を批判し，「銀行の貨幣供給機能のより重要な側面は信用創造によって要求払預金を創出することにある」［吉田 2002：25］ことに対する無理解がこれらの提案にあるとした．部分準備制度にはリスクはあるものの，銀行の健全性規制等は不可避である一方，「ある程度のリスクは甘受せざるを得ないのが資本主義社会におけるペイメントシステムの宿命である」［吉田 2002：47］としたのである．近年の CBDC の導入論議において，特に① 中央銀行直接発行型のそれが検討される場合には，この点についての検討が忘れ去られることがあってはならないであろう．また，同時に民間銀行の側が，社会がある程度のリスクがあることを許容できるような，すなわち吉田の議論に対応できる銀行であることも同時に望まれることなのではないであろうか．

注
1 ）スウェーデンにおいては，2015 年以降においても，現金利用・発行残高ともに減少傾向が続いている．

2）高額紙幣の廃止は，近年において現実にシンガポール，ユーロ圏，カナダ，スウェーデン等で行われており，その際の理由は，テロ資金・不公正取引・脱税に高額紙幣が利用されるケースが多いこととされている．なお，現金廃止論者として有名なケネス・S・ロゴフの *The Curse of Cash*［2016］（邦訳題名は『現金の呪い』［2017］）においても，実際に主張されているのは，高額紙幣廃止論である．

3）現金使用のコストを強調している代表的なものとしては淵田［2017］がある．

4）吉田暁は1988年においてこのトービンの"預金化通貨口座（DCA）"の創設提案を紹介しているが，それは「結局のところ現金（銀行券）のエレクトロニクス化」であるとし，その他の支払手段（預金）の存在を否定していないことから，その他の100％準備論よりも高い評価を与えている．

5）Kumhof and Noone［2018］においては，CBDCの種々の形態が検討されている．

6）②民間銀行発行型の構想としては，Danezis and Meiklejohn［2016］では，「ミンテッツ（mintettes）」と呼ばれる主体がCBDCである"RSCoin"の発行・管理に関わるという形態のものを提唱している．これについては，小林ほか［2016］において簡潔な説明がなされている．

7）リクスバンクは，2019年末に2020年に技術的問題をテストして，その結果によりe-kronaの導入の可否，スケジュール等について決定すると発表した．

第6章

中央銀行の独立性再考

—— 新たな環境のもとで[1] ——

は じ め に

1990年代後半，世界的に中央銀行法が改正され，中央銀行の独立性が強化された．1998年には，英国ではブレア内閣の下でイングランド銀行法が改正され，52年ぶり（1946年国有化）にイングランド銀行の独立性が強化された．同じ年に，日本でも56年ぶり（1942年以来）に日本銀行法が改正され，独立性が強化された．また欧州では，1993年発効のマーストリヒト条約に基づき，欧州中央銀行が設立された．欧州中央銀行も独立性の高い中央銀行である．

金融政策面で，中央銀行の独立性とは，物価安定を政策目標とし，政治からの介入を排して，中央銀行自身が操作目標である政策金利やマネタリーベースなど（中央銀行による信用供与の金利や量）を決定することを意味している．このうち政策目標を独立して決定することを「目標の独立性（goal independence）」とし，操作目標を決定することを「手段の独立性（instrument independence）」と峻別し，経済学界では独立した中央銀行には「手段の独立性」のみが与えられるべきである，との考えが定説となっている[2]．このため政策目標である物価安定の具体的内容（目標数値）は，政府・議会などが決定または関与すべきとするのが多数説となっている．本章ではそこに異論がありうることを後述する．

中央銀行の独立性の強化の背景には，ニュージーランドを嚆矢として主に1990年代からインフレーション・ターゲットの採用によりインフレ抑制に成功したという独立に先行した実績の存在が重要である．インフレーション・ターゲットの成功によって，中央銀行

による金融政策は，物価安定に専念することになった．インフレ
ション・ターゲットについては，金融政策がインフレ目標によって
制約されるのではなく，むしろ中央銀行の政策の自由度を高める．
一般に，インフレ目標は，中長期的な目標であり，かつ一定の幅を
持つなど柔軟性を持つ．このためインフレーション・ターゲットの
もとでは，中央銀行は，インフレ目標達成のために，ある程度裁量
的に操作目標を操作することが可能となる（「制約つきの裁量政策
〈constrained discretion〉」）．またイングランド銀行を典型とするように，
中央銀行は独立性を付与されると同時に，銀行監督等の「金融安
定」を担うことを免れ，金融政策に専念する単目的な組織として純
化された[3][4]．これにより，中央銀行は，金融政策運営のための組織と
され，金融政策の独立性を確保することは，組織としての中央銀行
の独立性を確保することを意味し，「金融政策の独立性＝組織とし
ての中央銀行の独立性」と問題は単純化された．

　中央銀行の独立性強化は，インフレーション・ターゲットによる
実務上の成功を法制度的に強化することであった．成功体験という
実績を踏まえて法整備がなされたことには注意が必要である．政策
の実践は，法や制度が整備されれば，それによって成功がもたらさ
れるという単純なものではない．独立した中央銀行が成功するため
には，法制度面の整備という必要条件に合わせて，実績をあげられ
ること（あげてきたこと）という十分条件が必要となっていた．

　中央銀行の独立性は，実績と理論に支えられ盤石にみえた．

　しかし，中央銀行の独立性は，21世紀にはいり，様々な環境変化
によって挑戦を受けることになる．特に，2007-2009年の世界的金
融危機は，経済における中央銀行の役割を大きく変化させた．物価

の安定に専念する単純な中央銀行モデルは最早通用しなくなった．物価安定に専念する中央銀行（single mandate CB）は，金融安定や国債管理も担う多目的な中央銀行（multi mandates CB）への変身が求められた．このことは，中央銀行の独立性の問題を従来よりも複雑にし，厄介にした．もしこうした中央銀行の変化が一時的なものであれば，従来の中央銀行モデルの有用性は失われないだろう．ただ現在の状況は当面続きそうである．

　新たな環境のもとで中央銀行の独立性はもはや必要ではないのだろうか？

　本章では，現在の状況において，中央銀行の独立性の必要性を確認し再構築する．

　なお現在のマクロ経済学（金融論）は，中央銀行や銀行制度などの金融制度を所与として政策の効果を論じる．このため，制度の改革等をとりあげ検討，議論することには比較的少ない．しかしとりわけ金融論では，制度のあり方自体の検討も極めて重要であり，それなしには，政策を論じることはできないだろう．本章がそうした研究の一助となれば幸いである．

1　中央銀行の独立性——1990 年代——

　中央銀行の独立性を再考する前に，1990 年代の状況を簡単にレビューしておこう．

　当時の大きな環境変化として，最初に世界的な市場経済化の進展があげられる．変化の背景は，先進国における自由化の進展と，旧

社会主義国の市場経済化である．世界的な市場経済化はグローバル化といわれるようになる．市場経済では，市場（価格）メカニズムが機能を発揮することが重要であり，金融政策でも政府による行政的な規制や指令ではなく，中央銀行による市場メカニズムを活かした金利政策が重要になる．さらに市場メカニズムでは，シグナルとして働く価格が自由に動くことが重要であり，そのためには価格メカニズムを歪ませるインフレ率の安定が重要になる．こうした状況で，政府による規制・指導に代わって，中央銀行の金融政策が重要になった．

　当時の中央銀行の独立性の理論は単純であった．その典型は，Rogoff [1987] 等に示された保守的中央銀行モデルである．金融政策は，インフレバイアスを持つ政府ではなくインフレに警戒的で保守的な中央銀行に委ねるべきであるとの主張である．インフレ抑制が目的の時，その任務をインフレを許容する政策主体よりは，インフレ抑制に厳格な政策主体に委任すべきことは明らかであろう．こうした議論では，中央銀行または中央銀行総裁が体質的にインフレに保守的であることが当然の前提とされている．ただし，万が一インフレを選好する中央銀行総裁が現れたらこの議論は妥当しないことには注意が必要である．物価安定を政策の目標とする中央銀行法の制定はこうした事態を回避する意味でも重要となる．

　理想とされたのは，組織としても独立した中央銀行が金融政策を独立に運営することである．

　民主主義のもとでは，公的な政策を営む主体は政府や議会のコントロールの下に動くのが原則であり，公的政策が政府でない独立主体に委ねられるときには，強い説明責任（Accountability）が求められ

る．説明責任は，よく「情報提供」と混同されるが，本来は決定は自由に行うが，問われればその過程等を明らかにすること（申し開きすること）である[5]．一方，独立性を維持するためには，政策は，事前ではなく事後的にチェックされることが望ましい．説明責任は，独立性を持つ政策主体への民主的コントロールとして適切な仕組みとされる．

なお説明責任の面では，政策は裁量性が高まるほど政治的とみなされるため，政策運営ではルール的な政策が望ましいとされる．ルール的な政策は，経済理論上も望ましいとされるが，裁量性のあるインフレーション・ターゲットのもとでもある程度はルール的な政策を行うことが説明責任のうえでも望ましいことになる．

2 21世紀に入っての環境変化

中央銀行の独立性を確立した経済環境は，21世紀に入り次のように大きく変化した．

最初は，金融政策をめぐる環境変化である．

1. 物価をめぐる状況において，インフレ的な状況がデフレ的な状況に変わった．
2. この結果，金融政策としていわゆる「非伝統的な金融政策」が採用された．

次に中央銀行は金融政策以外にも多くの役割を担うようになった．

3. 主要なプレーヤーとして金融危機の対応を担うことになった．
4. 財政赤字を補填する国債の大量購入から，従来以上に国債管理政

策の責任が増した.

このほか,

5. 金融危機以来, 政府による経済への介入が増えて, 経済が政治化している.

　以下この新たな環境変化のもとでの中央銀行の独立性について論じていく.

(1)　デフレーション

　物価情勢がインフレからデフレに転じたことは, 理論上も実務上も最も重要な変化である. 前述のように, 中央銀行の独立性を支えるもっとも単純な経済理論は, インフレをコントロールするためには, 金融政策はインフレバイアスを持つ政府ではなくインフレに保守的な中央銀行に委ねるべきというものである. これに従えば, デフレを克服するためには金融政策は中央銀行に委ねるべきではないとの主張が導かれる. インフレバイアスを持つ政府と保守的な中央銀行で成り立つモデルでは, デフレの状況では中央銀行の独立性は導けない.

　さらに時間が経つにつれて, デフレは一時的なものではなく長く続くことが明らかになってきた. その最も重要な背景は, 世界的な自然成長力の低下である. 経済学においても「長期停滞論」が広範化した. これは決して金融政策のみで克服される問題ではない。

(2)　デフレーションと財政金融政策

　デフレの状況は, 財政金融政策に大きな変化をもたらした.

金融政策では，いわゆる非伝統的金融政策が採用された．

非伝統的な政策は，大きく見れば二つの要素からなる．

第一は，金利政策から転換した量的政策である．継続的なゼロ金利の下で量的緩和としてベースマネーの増大を行う．量的拡大のためには，非伝統的な手段として国債以外の株式社債等も購入する．アメリカでは，金融危機により信用条件が極度に悪化した住宅ローン担保証券（モーゲージ債）が大量に購入された．これらは特に信用緩和といわれ，量的緩和と区別されることもある．だが多くの場合，量的緩和は信用緩和を包含している．

ターゲットしての量的指標の採用自体は，1980 年初頭のアメリカでも採用され非伝統的金融政策特有のものではない．ただし伝統的な政策のもとでの量的指標の採用は，短期金利変動の自由度を増すためであった．この点非伝統的な金融政策のもとでの量的政策はゼロ金利制約という金利の変動が制約されるなかで採用された点が大きく異なる．また信用緩和についても，経済発展途上で金融市場が未整備の経済では，中央銀行が特定産業の手形を優遇的に再割引するような政策はとられてきた．これは経済発展策としての性格を持つものでもあった[6]．だが先進国において民間企業の信用評価に影響をもたらす選択的な信用供与は異例の措置である．

第二は，期待のコントロールである．経済学における合理的期待革命以来，金融政策においても期待の役割がとくに重視されるようになった．金融政策では，時間的非整合性（Time Inconsistency）の議論が応用され，あらかじめ経済の状況への政策対応を約束・遵守するというルール的な政策は，政策への理解を高めることによって政策効果を強める有効な政策とされた．非伝統的な政策においては，

将来までの金融緩和を約束するというフォワードガイダンス政策がとられた[7]．これは伝統的な金融政策における期待の扱いと同様な側面もあるが，政策変更がルールに基づかないため裁量性の強い性格を持っていた．

また非伝統的な政策では，政策が効果をあげるまで緩和政策を続けることを約束することにより，人々に将来政策効果があがることを期待させ，これにより現在の景気回復に効果をあげるという異時点間の選択を通じた政策が重視されるようになった．たとえば，人々が将来のインフレの加速を確信すれば，現在，物の購入を急ぐ．すなわち「将来の」インフレの期待が，「現在の」消費を増加させるという理屈である．ただ実際的には，フォワードガイダンスは，主に期待の影響を受ける長期金利をコントロールする長期金利のコントロール手段として運用されている．

非伝統的な金融政策について，中央銀行の独立性の点からは2つの問題が指摘できる．

第一は，非伝統的な政策は経済成長率の様な実質変数への効果は弱いのに対して株価や為替の様な資産価格には強い影響を持つことである．実体経済に政策効果が弱いのは，金利変動を通じた政策効果のルートが欠落しているため当然である．一般に政治は株価など資産価格に対してより強い関心をもつ．このため非伝統的な政策は政治からの干渉を招きやすい．

第二は，非伝統的な政策がきわめて裁量的なことである．非伝統的な政策は，生産，消費等への政策効果が弱いことからテイラールールの様な政策ルールを確立できない．ルール政策は政治の介入を回避するうえでも重要だが，非伝統的な政策は政策ルールが確立で

きないため政治からの干渉を招きやすい.

　財政政策にも大きな変化があった. 欧州やイギリスの例が示すように, 中央銀行の独立性は, 均衡財政規律と一体となって実現される. 財政規律は中央銀行の独立性の前提条件であった. しかし金融危機後の財政支出の拡大によって財政規律は緩んだ. これは中央銀行の独立性に悪影響を与える. そしてゼロ金利制約では, 金融政策は財政政策との「協力」なしには効果が発揮できないことから, 従来のように金融政策単独ではなく, 財政政策との協調の中で金融政策を独立に運営することが求められるようになった.

(3)　財政支配

　前述のように, 金融危機後の財政支出の拡大は国債の大量発行を招いた. 多くの国で, 中央銀行は国債管理を担っている. 金融危機後の脆弱な経済構造においては, 財政の持続性の確保も重要となる. このため金融政策運営においても, 通常以上に財政の持続性の配慮を働かせなければならなくなった.

　財政支配は, 金融危機後の新しい問題として現れたようにみえるが, 以前から FTPL（Fiscal Theory of the Price Level）として指摘されてきた. FTPL は, 統合政府勘定によって財政によってインフレに影響を与えられることを示した. しかしこれは逆にみれば, 均衡財政が独立した金融政策の大前提であることを示している. 財規規律の喪失は中央銀行の独立性に悪影響を与えている.

(4)　金融危機と金融安定の再任

　イングランド銀行を典型とするように, 金融安定化機能は独立し

た中央銀行から分離された．これは，① 金融政策と金融安定化政策に潜在的な利益相反があること，② 金融安定化政策は，本来政府（行政）が担うべき産業政策的な側面を持つこと，③ 金融安定化政策に伴う資金は財政支出の性格をもつこと，などが理由とされる．

しかし金融危機は，金融安定化策での中央銀行の役割に再び光を当てることになった．

現在の金融危機は，流動性の危機という側面を持つ．また金融ネットワークの深化・複雑化から，ショックの連鎖の可能性が高まっている．市場の中に位置する中央銀行は，市場や銀行の流動性の状態を知りうるポジションにいる．現在の金融危機では，即刻の流動性の供給が必要となるが，それは中央銀行の役割である．

変化の激しい金融市場においては，健全な金融機関にのみ流動性を供給するというバジョットの原則はもはや通用しない．中央銀行は，金融市場でほかに貸し手が存在しない時に貸出に応じる最後の貸し手（Lender of Last Resort）とされてきたが，現在の金融危機では，危機の連鎖を早期に防ぐ役割を担うようになった．このため最初の貸し手（Lender of First Resort）とも揶揄される状況になっている．

また政府の一部として金融サービス機構（FSA）が設置されたように，金融安定化政策は本来的に行政的な政策との側面を持つ．中央銀行の抱える潜在的な損失は財政による補塡を必要とする．このため，金融安定化策では中央銀行の財務面でも政府との協調が求められている．

(5)　経済の政治化

金融危機以降，経済の政治化が進んでいる．その背景としては，

金融危機の経験を経て，規制強化の必要性，以前はワシントン・コンセンサスや新自由主義などとして喧伝された自由放任の後退などがある．また金融危機以降，労働者の所得が伸び悩む一方資産価格が上昇し格差が拡大したことなども経済に対して政治の関心を強めている．

3 中央銀行の独立性の回復のために

(1) 立憲モデルの提案

前述のように従来の中央銀行の独立性のための経済学的モデルは現在の状況では有用性を失った．もし現在の状況でも独立した中央銀行が必要であれば，そのモデルには次のような条件が必要とされる．①インフレでもデフレでも通用する，②政府との協調が必要な国債管理政策，金融安定化政策を担っても対等な関係で独立性を確保できる，③政治的な状況を考慮している，などである．

これらの要求に応えるために，提案するのが，中央銀行を独立した権力として位置付ける立憲的な権力分立モデルである．立憲的な権力分立モデルは，政治的な側面を考慮した政治経済モデルである．この点上記要件③を満足している．この政治経済モデルでは，中央銀行は，統治機構のなかにあるが執行部（行政府）とは，組織として独立する．統治機構のなかにあって独立した組織としては，裁判所のほか，公正取引委員会などの独立行政主体がある．他の独立機関と同様，中央銀行と政府（行政府）はチェック・アンド・バランスの関係にある．

　独立した権力は，政府と差別化されること，すなわち政策主体として時として政府と相違する立場をとることに存在意義を持つ．かつて中央銀行の独立性は，政治からの独立と合わせて財政当局からの独立性に求められた．財政法では，中央銀行の国債引き受けは禁じられている．しかし，これだけでは現在のように財政政策と協調しつつ独立性を確保する状況では十分でない．

　むしろ現在の状況で，中央銀行の独立性の意義は，中央銀行が中長期的な視点をもち，政治的な中立性により，必要とあれば政府の経済政策全般にも積極的に提言していくことに求められる．

　一方，前述のように民主主義的社会においては，選挙によって選ばれた代表が統治機構をすべてコントロールすることが原則である．この点金融政策を独立に運営することは非民主的な側面を有している．中央銀行は政治によるコントロールでなく，透明性を保ち説明責任を果たすことで民主的にチェックされることが必要になる．

(2)　積極的な独立性

　立憲的なモデルの特徴は，中央銀行が政府の中で独自の使命を担う存在として独立性を発揮することである．近代憲法では一般的に，権力分立により統治主体が互いに均衡することが想定されている（チェック・アンド・バランス）[8]．具体的には，中央銀行が政府からチェックを受けるばかりでなく，中央銀行が政府の政策をチェックし両者の間に健全な緊張関係を築くことが重要となる．中央銀行が政府との対立を避けるように行動することを「消極的な独立性」と呼べば，中央銀行が積極的に政府の政策をチェックするような行動は「積極的な独立性」と呼ぶことが出来る．この 20 年間，各国の中央

銀行はおおむね消極的な独立性で終始してきた．日本銀行の独立性も，財政への明示的なコメントを控えがちとするなかで財政規律の弛緩を許すなど消極的であったといえよう．こうした中で，最近，イングランド銀行が財政政策に対し公開書簡を送るという提案もされているが[9]，これは積極的な独立性の一例である．立憲モデルの権力分立は，積極的な独立性によって「健全で建設的な緊張関係」を生むことになる．

(3) 歴史的事実としての立憲モデル

　こうした立憲モデルは歴史的な事実を反映している．いくつかの国では，中央銀行の独立性は憲法的な改革の中で確立された．たとえば，イギリスでは，後述のようにブレア内閣の下での憲法的な改革の中で，イングランド銀行が独立性を獲得した．また日本でも，司法改革，地方自治改革，行政改革と憲法レベルの統治機構の改革とほぼ同時期に日本銀行の独立性が強化された．またEUにおいても，行政府，議会，裁判所という憲法レベルの三権の設置の後で中央銀行が設立されている．

(4) 立憲モデルとしての中央銀行の政策運営

　次に立憲的に独立した中央銀行の政策について検討していこう．

　まず中央銀行の独立性は，組織として独立していても，すべての政策・業務が独立して行われることを意味しない[10]．これは，民間企業が政府から行政行為を委任された場合と同様である．また，政策・業務を行うときは，裁量性を排しルールベースで行うことが望まれる．

①　金融政策

　金融政策については「目標の独立性」と「手段（操作）の独立性」が峻別される．

　「操作目標」の独立性（「手段の独立性」）の必要性はすでに確立している．その運営については極力，客観的基準に基づきルール化した政策を行うことが望ましい．ルール政策は，裁量性を排し，透明性を高め説明責任を高める．政策ルールのうち金利政策として典型なのがテイラールールである．ただゼロ金利制約がこの運用を妨げている．マイナス金利政策は，ルールベースへの復帰の道を開く点では優れているが，様々な限界がある．前述のように非伝統的な政策は裁量的になりやすい．十分な説明と外部からの評価が必要となる．

　「目標の独立性」については議論の余地がある．標準的な経済理論では，具体的なインフレ目標は政府と協力して決定されることを支持する意見が有力である．しかし，政府が近視眼的であれば政治的に過大なインフレ目標を設定する可能性がある．このため中央銀行は，非政治的な立場から目標の整合性をチェックする必要がある．特に現在の状況ではインフレ目標と自然成長率の関係が検討されるべきである．¹¹⁾ 経済の実力（自然成長率）と比して，高めのインフレ目標が設定されている可能性が生じている．

②　財政政策

　前述のようにゼロ金利制約下では，金融政策は財政政策との協調が必要となる．財政支配の議論は財政赤字が金融政策を制約することを示しているが，中央銀行は独立した政策主体として，財政政策についても，中央銀行の側からも積極的にチェックを働かせるべき

であろう．前述のようにイングランド銀行については四半期ごとに，中央銀行が財務省に財政政策についての公開書簡を送るという興味ある提案がなされている．

③　金融安定化政策

金融危機後，金融安定化政策についての中央銀行の役割の重要性が再認識された．金融安定化政策は，独立した中央銀行にとって最も注意を払わなくてはいけない政策である．潜在的な財政負担が伴うことを考えると金融安定化政策では基本的には政府の代理人として働くべきということになる．金融安定化政策は，金融政策に比べて，ルール的な政策運営は難しい．無論，中央銀行は金融市場の中にあって，より多く適切な知識を持つ可能性が高い．このため実際には政策において指導的な役割を果たす必要がある．

4　中央銀行の独立性
——イングランド銀行と日本銀行の場合——

前節までは，中央銀行の独立性について一般論を論じてきた．以下では，本節で英国，次節で日本のケースを簡単にみておきたい．

⑴　イングランド銀行の場合
①　イングランド銀行の独立性の特徴

イングランド銀行は，1997年5月に総選挙に勝利した労働党ブレア政権の下で行われたイングランド銀行法の改正により金融政策の独立性を付与された（1998年イングランド銀行法）．イングランド銀

行の独立性の特徴は，①1992年に先行して導入されたインフレーション・ターゲットの成功という実績の延長線上に付与されたこと，②中央銀行制度の改革は，孤立した改革ではなく，ブレア改革といわれる政治経済改革の一環であること，またそのため③強い政治的リーダーシップで行われたことなどである．英国政府の説明では，イングランド銀行の改革は，財政構造改革と一体であり，財政ルールの確立と合わせて行われていることが強調されている．これは，金融政策の独立性と財政規律は表裏一体のものであるとの認識に加え，それまでの短期的な視点で運営された金融・財政政策が，経済の不安定化を招いたとの反省から両者とも，短期的な視点ではなく長期的な視点を踏まえて運営されるべきであるという考えに基づいている．さらにこれらは公共セクター全体の改革の一環でもあり，政策運営についても政策決定の透明化なども謳われている．イングランド銀行は，1997年に，従来の地方のBranchをAgentに変更し，地域経済の情報収集と政策の説明を強化することとしたが，これも公開性と説明責任を重視する改革の方向性と一致するものであろう．なおブレア改革は，経済面では，金融財政政策の改革というマクロ経済面の改革と同時に，「福祉から労働に」というスローガンに象徴される社会保障，教育等の改革に取り組んでおり，経済改革は需要・供給両サイド，マクロ・ミクロ両面にわたる大規模な改革であった．また政治面でも，貴族院（上院）改革（1999年）ロンドン市政の改革，スコットランド議会，ウエールズ議会の設立（1997〜1999年）など分権を強化する憲法的な改革を行っておりイングランド銀行の独立性（分権の強化）もこうした政治経済的・憲法的な視点でみることが必要である．

②　インフレーション・ターゲッティングの導入

　英国のインフレーション・ターゲッティング自体は，ブレア改革に先行する 1992 年から実施されており[12]，ブレア改革によるイングランド銀行の改革に先行するものであった．導入の経緯・目的は，ジョージ・ソロスによる投機で有名となった英ポンドの ERM（欧州通貨安定メカニズム）からの離脱であり，欧州主要通貨と連動した準固定相場制から変動相場制に移行するなかで，金融政策運営の規律となるノミナル・アンカーを設定するものであった[13]．

　政治経済的にみれば，インフレーション・ターゲッティングの導入は，サッチャー政権以降穏健化が進んできた労働組合による賃上げ圧力の抑制に貢献することが期待された．従来，英国の労働組合による賃上げは，インフレ率にスライドして要求され，実現されてきた．これはブレア改革による産業・労働市場改革のもとでより柔軟化した．

　インフレーション・ターゲッティングの成果としては，インフレ率の低下と安定（volatility の低下）があげられる．中央銀行にとって経済の「安定」は極めて重要であり，平均的なレベルの低下と同時に，変動の減少が重視される．また，インフレだけでなく，実質GDP の変動が安定したこと（volatility の低下）も指摘できる．もっとも，これらの成果については，特に 2000 年代以降は，欧州の経済統合，中国経済の世界経済への参入等によるグローバル化の進展がプラスに働いたという外的要因が貢献したことも指摘できる．このためインフレーション・ターゲッティング独自の成果がどの程度であったかは判断が難しい．経済理論上はインフレ率の安定は長期的に経済成長に貢献することも期待されていたが，英国経済は，経済

成長面では他の先進国経済と比べれば比較的健闘したものの，世界的な低成長経済の以降のなかで，インフレの安定がどの程度持続的な成長の加速に貢献したかは，慎重に検討する必要がある[14]．

③ 独立性付与の内実

イングランド銀行に独立性を付与した法改正は，1997年5月の総選挙で労働党が18年ぶりに勝利し，政権の座に就いた直後から，電撃的に行われた．労働党は，総選挙に臨むマニュフェストで，2.5%以下のインフレ目標を継続すること，金融政策については，イングランド銀行の自主性を強め，よりオープン，アカウンタブルで長期的な視点から運営されることなどを謳っていたが[15]，独立性の付与は，議会の審議等の前に発表され実施されることになった．具体的にはボールズ（影の財務相への顧問）とブラウン（影の財務相）との間で立案され，総選挙後ジョージ・イングランド銀行総裁との協議を経て総選挙の勝利からわずか5日後という短期間で発表された．また，インフレ目標が未達成の場合に，イングランド銀行総裁から財務相に送る公開書簡も，アラン・バッド（財務省アドバイザー：後にMPC初代メンバー）の発案で急遽取り入れられたとされる．繰り返しになるが1997年のイングランド銀行法の改正は，ブレア改革の公共セクターの改革の一環としての性格が強いが，それは金融政策委員会（MPC：Monetary Policy Committee）の設置による一人一票制という民主的な決定手続き，議事要旨の公開などの公開性などにも表れている[16]．

④ 2013年の改正

1998年のイングランド銀行法の施行以来の最大の改正は，2012年金融サービス法の成立により，2013年にイングランド銀行内に金融監督委員会（FPC：Financial Policy Committee）と金融行為機構（FCA：Financial Conduct Authority）が設立され，イングランド銀行が金融安定の任務を担うことなったことであろう．英国の金融安定政策は，1980年代以降の大手金融機関の破綻等で，従来の業界の自主規制を中心とした体制から，順次政府の関与を強めるかたちに変化してきた．一方，金融ビックバン（1986年）以降の金融機関の変貌，金融機能の多様化から銀行，保険等の従来の業界別の規制に加えて，新たな金融サービスにも対応すべく業界横断的な機能別の対応にも迫られてきた．1997年に従来の機関を継続するかたちで設立された金融サービス機構（FSA：Financial Services Agency）にはイングランド銀行から，銀行監督の機能が移管されたが，一つの機関で広範な金融機関を監督するというもの（One Umbrella構想）であった．英国のFSAは，金融政策と分離され一元的に運営されている点で，金融監督体制の理想的なモデルと考えられた．もっともFSAについては，個別金融機関や個別業務の適法性の審査などに重点が置かれ，システムの全体的な視点に欠けた「法律家と会計士の集合体」という悪意ある批判もされてきた．英国の金融監督体制は，2007-2009年の金融危機を経て，個別金融機関のリスクとは別に金融システム全体のリスクをみるマクロプルーデンス機能の重要性が重視されることにより再び改革されることになる．金融危機への対応では，中央銀行のもつ最後の貸し手機能（LLR：Lender of Last Resort）として，個別金融機関への流動性供給とならんで，金融市場全体に

対する流動性供給としての役割が注目された．このため各国で中央銀行が金融市場・システム全体のリスクを監視するというマクロプルーデンス機能を担うことになり，英国ではイングランド銀行に設置されたFPCの任務とされた．なお，金融安定がイングランド銀行に委任されたといっても，FPCは一応の独立性をもった機関ではあっても，委員の任命のほか，財務省が「勧告」を行う仕組みを設けるなど政府の関与も強い[17]．

⑤　最近の議論

　イングランド銀行は，独立性20周年を記念して，2017年の9月にコンファランスを行った[18]．コンファランスでは独立性については，金融政策についてのほか，金融安定化政策も採りあげており，20年間のうちイングランド銀行の独立性の状況が変化したことが反映されている．

　コンファランスでは，1997年のキーパーソンであったブラウン元財務相（後に首相）がスピーチを行った．本章で紹介した1997年当時のエピソードを披露し，イングランド銀行への独立性の付与が，自らが強い政治的リーダーシップの下で行ったことを披露する一方，自らが首相であった，2008年の金融危機当時にイングランド銀行が迅速な利下げを行わなかったことに不満は持ったが，独立性を尊重し公にしなかったことなどを披露した．このブラウン氏のスピーチに象徴されるようにイギリスでは金融政策に対するイングランド銀行への独立性は一般的に政治側からも尊重されてきた．

　一方，コンファランスでは，イングランド銀行が金融安定を担うことについては，運営に当たりインフレ目標の様な数値目標を設定

しにくいこと，政府との共管が必要なこと等の問題点は指摘されつつも，イングランド銀行が金融安定を担うことに肯定する意見が多かった．これは，最近の景気循環が，レバレッジが大きな要因になっており，クレジット・サイクルやフィナンシャル・サイクルが脚光を浴び，景気安定面でも重要となっていることから当然であろう．

コンファランス全般を通じて複数の参加者から度々指摘されたのが，この20年間，とりわけ金融危機以降，景気対策が金融政策に過度に依存するようになったことへの懸念である．金融政策の限界（金融政策でできることの限度）が度々指摘された．一方，景気対策での金融政策へのウエイトが増加したこと，金融安定化政策など中央銀行の機能が増大されたとことから，より強力になった中央銀行（the Only Game in Town）はいかにコントロールされるべきかとの問題意識も生まれてきている．

コンファランスには欠席したものの，独立以来，イングランド銀行の中枢にいたキング前総裁は，新聞のコラムで，独立性により金融政策の決定が，政治や総裁の専制的な決定から離れ，より民主的に透明化されるようになったこと，また現実にインフレも低位安定したことなどを成果として指摘した．また金融安定についても「金融危機時の対応について，イングランド銀行が，仮に独立していなかったらあれほど重要な役割を演じられただろうか」と述べている．

(2) 日本銀行の場合

日本は英国と同時期に中央銀行の金融政策に関する独立性が法制化されたが，英国に比べると，特に取り巻く政治的状況に対照的な面がある．

①　不幸な出白

　日本銀行は，1942 年に戦時体制に作成された旧法の下で半世紀以上独立性の低い状況にあった．日本では官僚組織が強く，日本銀行は政治家の影響というよりは，大蔵省のコントロールの下にあった．日本銀行は 1997 年に法改正され独立性を与えられたが，そのきっかけは政治家による反大蔵省の動きの副産物であり，英国では政治家の強い政治的意思のもとでイングランド銀行が独立したが，日本の場合，中央銀行への独立性付与自体への政治の意思は弱かった．

　これを反映して，日本銀行の独立性は制度的に不十分なものとして出発した．新しい日本銀行法自身は世界標準に近いものであった．しかし前述のように中央銀行の独立性にとって財政規律は必要条件であった．英国でも，同時に財政均衡ルールが制定され，欧州でもマーストリヒト条約で財政均衡が規定された．日本の場合は，1997 年に財政均衡法案が可決されたが 1 年後に，金融危機によって法案は廃止された．以降財政規律はゆるみ現在では国債の GDP 比率は 200％を超えている．

②　デフレの進行

　その後のさらなる不幸は，日本銀行の独立直後からデフレが問題とされてきたことである．日本のデフレは，当初，バブルの崩壊による銀行危機によるなど金融的な要因が注目された．しかし時間が経つにつれて，自然成長率の低下による影響が大きいことが明らかになった．こうした状況では，金融政策の効果は限定的とならざるを得なかった．

　一方，財政ポジションは，税収の低迷と社会保障費の増加で赤字が拡大した．こうした下で財政政策の効果も限定的にならざるを得なかった．経済の成熟化のもとで財政乗数も低下していた．このためマクロ政策としては，金融政策に期待が寄せられることになった．

　1999 年にゼロ金利政策を採用した日本銀行は非伝統的政策のフロントランナーと言われるが，実際は暗中模索の過程でもあった．最初はゼロ金利政策をとったが，金融市場の機能への悪影響を避けるためにリーマンショック以降の政策ではわずかなプラス金利を維持するなど試行錯誤を繰り返してきた．

　インフレ目標の採用に後ろ向きで，2013 年に政治的圧力のもとで，やむなくインフレ目標を採用するなど，強力で一貫的な政策の確立に失敗してきた．

　デフレの継続は金融政策の失敗によると考えられ，日本銀行の独立性を弱める法改正が提案され，英国とは対照的に与野党を問わず政治は度々日本銀行の独立性を脅かした．

③　アベノミクス

　2012 年，安倍首相は大胆な金融政策をマニフェストにあげ政権を獲得した．金融政策への政治の直接的な関与であった．安倍首相によって政治任命された黒田総裁は，尋常でない規模の金融緩和を実施してきた．消費増税を延期するなど財政規律は一段と弛緩している．国債の残高は GDP の 2 倍を超えるが，日銀はその半分を購入してベースマネーを増大させている．その結果，国債金利は低位を維持する一方，日本銀行のバランスシートも GDP の規模まで拡大している．このように大胆な政策をとった背景は，人々に根付い

たデフレマインドを払拭するためとされた．わが国の場合，イギリスや他のインフレーション・ターゲット採用国のように，先行する実績がなかったため，信頼を勝ちうるために大胆な政策を実施し，強いメッセージの発信を必要としたという側面があるだろう．同じインフレーション・ターゲットでも，インフレ抑制ではなくデフレ克服のために実行し，先行した実績がない状態での政策は極めて実験的なものとなった．

　日本経済は，2012年12月以来戦後最長の景気拡大を続けている．これはアベノミクスの恩恵もあるが，世界経済の回復に支えられた面も大きい．しかしアベノミクスはインフレ率2％，実質GDP成長率2％を目標としているが，目標には達していない．

　現在潜在成長率は1％を下回っている（日銀推計）．こうした下では，アベノミクスの目標は長期的には矛盾としたものとなっているが，日本銀行から十分な批判はなされていない．

　安倍政権のもとで日本銀行の個々の政策決定に際して政府からの介入は公表されていない．一方，政治側は審議委員を政治任用してきた．本来審議委員は多様性が期待されていたが，現在の審議委員の大半はアベノミクスを強く支持するメンバーとなっている．

　政治学者によれば，現在の安倍政権は，人事権によって独立機関のコントロールを強めてきた．具体的には，最高裁判所の判事，NHKの会長，法制局長官は従来の慣行を破って任命されている[19]．

　アベノミクスの下で日本銀行の独立性は事実上弱まっている．これは，立憲的な権力分立の弱体化を背景としている．独立機関の独立性の弱体化は政府の政策の批判的な検討を弱めている．これは，長期的な視点での政策決定力を弱め，新たにくる景気後退，危機へ

の対応力も弱めてしまう.

　日本の事例は,中央銀行の独立性は経済的状況と同時に政治的状況を強く反映することを示している.

④　アベノミクスの下での独立性の回復

　現在日本銀行をはじめ独立行政機関は,政府とのコンフリクトを避けることで独立性を確保しようとしている(消極的な独立性).外部からの批判を歓迎しない政府は,広い意味での政府(統治機構)内の独立法人である日本銀行からの批判を歓迎しない.一方,政府は中央銀行へ圧力をかけていると思われるが,そうした圧力が公式なルートで行われることは少ない.金融政策決定会合では,政府の委員が出席しているが,その場で圧力がかけられるのはまれである.通常政治的な圧力がかかるのは,政府と日銀の非公式なやり取りであろう.

　たとえば,日銀が2％のインフレ目標を決定した2013年1月の決定については,政治家や日銀のインタビューに基づいて政治的圧力があったことが報道されている[20].しかしこうしたやり取りは政府や日銀の公式記録では確認できない.

　中央銀行の独立性にとって最も重要なのは政府との関係であろう.現時点で独立性を強めるための最も効果的な策は,政府とのやり取りを含めて記録し公開することである.これは日銀の説明責任を強化することである.

おわりに——中央銀行の将来——

　世界的な金融危機の後多くの中央銀行は「非伝統的金融政策」を採用し，金融政策以外の多くの政策を担うようになった．現時点では学者，中央銀行家の多くが，今後金融政策においても，非伝統的な手段を用いることを支持している．また，金融政策以外の金融安定や国債管理を担うことを支持している．

　金融危機前には以下のような中央銀行が「理想の中央銀行」とされていた．

1. 民間の債務の購入を避け，中央銀行の資産は最も信用度の高い国債であること
2. 中央銀行の国債の直接購入の禁止のほかに，中央銀行の財務の健全性の為に，長期国債の保有には制限が設けられていること
3. 市場への介入を極小化し資産の規模を小さくすること
4. 政策はテイラールールのような政策ルールを参照したルール政策であること

　世界的な金融危機は，こうした理想を180度転換した．
　たとえば，アメリカの連邦準備制度（Fed）は

1. 政府関係機関債のほか MBS のような民間債務を大量に購入した
2. 無制限に国債購入が行われた
3. 中央銀行の規模が急速に拡大した
4. 量的緩和などで裁量的な政策が行われた

　別のいい方をすれば，「理想の中央銀行」には以下のような規律があった

1.民間の信用度に不必要な影響を与えないこと
2.財政規律が働くようにすること
3.中央銀行の財務の健全性に考慮すること
4.政策の裁量性を極小化すること

　これらの規律は中央銀行の独立性を支持する条件でもあった．
　世界的な金融危機はこれらの規律を緩めた．これは従来の独立性の理論に決して支持的ではないだろう．
　デジタル通貨時代を迎え，現在中央銀行自身がデジタル通貨を発行する計画も生まれてきている．そうした状況では，政治からのプライバシーの管理といった面でも中央銀行の独立性は重要となろう．
　本章では，政治経済的な側面に注目し，政府内でチェック・アンド・バランスを働く存在として立憲的な中央銀行モデルを提案した．ある識者は，中央銀行の独立性を立憲的に考えることは，中央銀行を通じて，国のかたちを考えることに通じると述べた．問題は重要であり，さらなる議論が必要である．

　注
　1）本研究は JSPS 科研費 JP15H0572 の助成を受けている．
　2）目標の独立性に政治の関与が認められるのは，民主主義下では独立した中央銀行といえども政府の一定程度の関与が必要である（民主的コントロール）との考えによるからである．
　3）当時，「金融政策」と「金融安定化策」に潜在的な利益相反があり，両者は分離されるべきと経済理論的にも主張された［Goodhart & Schoenmaker

1995］．たとえば，金融引き締め等は，金融機関の収益環境の悪化を通じて銀行貸出の抑制を図るが，金融安定化策の観点から，銀行経営の悪化を懸念して，金融引締め策が遅れないかという懸念である．もっとも，当時から銀行部門は，金融政策の重要な波及経路であり，中央銀行はその動向を把握することが金融政策運営上重要であり，分離は適当でないとの反論もあった．実務上，金融安定はそれが景気に悪影響を与えないかとして，「物価安定」のフィルターを通じて，金融政策運営でも考慮されてきている．

4 ）中央銀行は，銀行等の金融機関間の決済を扱う銀行，国庫金や国債を扱う銀行，銀行券を発行する発券銀行であり，金融政策に純化したといっても，こうした業務が根幹にあることに変わりはない．

5 ）説明責任では，情報を提供するだけでなく，情報公開制度のように，都合の悪い情報でも国民に求められれば，それに答える（申し開きする）ことが重要になる．

6 ）日本でも高度成長期まで一般の手形とは別に貿易手形（輸出・輸入貿易手形）を日銀が優遇して再割引する制度がとられていた．

7 ）フォワードガイダンスは，日本でもゼロ金利政策時に採用されたが，当初は「時間軸効果」と呼んでいた．なおフォワードガイダンスは，① 将来の一定の時期まで緩和の継続を約束するもの（calendar-based 型）と② 経済の一定の条件（たとえば失業率）を達成するまでの緩和の継続を約束するもの（state-contingent 型）に二類型化される．

8 ）チェック・アンド・バランスが重要なのは，権力による基本権の侵害を防ぐためである．基本権は民主主義による多数の意思によっても，侵害できない．このため立憲制（自由主義）は，民主主義と並ぶ近代憲法の重要な原理である［髙橋 2013］．

9 ）1997 年に，労働党政権でイングランド銀行法の改正の青写真を描いた Balls を筆者の一人とする Balls, Howat and Stansbury［2018］では，ゼロ金利制約の下では金融政策は財政政策との協調が必要になるとの認識のもと，中央銀行の独立性を維持するためには，中央銀行のイニシアティブで

金融政策と財政政策の協調の枠組みを描くべきこと，仮に財政政策が計画から外れた時には，中央銀行側から，マクロ政策的に望ましい是正策を示した公開書簡を送ること，財政当局はそれに対し合理的な理由があればそれを公開書簡で返答することを提言している．

10）塩野［2001］は，日本銀行法に則して中央銀行の独立性を「機能（業務）の独立性」と「組織の独立性」に沿って本格的に検討している．

11）「目標の独立性」として設置されるインフレ目標は，金融政策ばかりでなく財政ファイナンスの制約にもなることから，本来は財政政策の規律にもなるものである．わが国では，政治的圧力で，インフレ目標が達成の可能性の小さい2％と高めに設定されるため，インフレ目標は，インフレ期待のアンカーとしてばかりでなく，財政ファイナンスの制約としても働いていない．

12）イングランド銀行は，政府（財務省）から与えられてインフレ目標をいかに達成していくかを説明するインフレーション・レポートを1992年から公表している．インフレーション・レポートでは，インフレ見通しが幅を持って示されていたが，1996年からは，見通しの確立も示したファン・チャート（fan chart）の公表を始めた．インフレ見通しに幅を示すことは，政策運営に柔軟性を与えている．

13）金融政策の規律であるノミナル・アンカーは19世紀の金本位制から20世紀央には固定相場制に変更されたが，1970年代初頭のブレトンウッズ体制の崩壊からアンカーを失い，これが1970年代，80年代の経済混乱を招いたと指摘される．イギリスは，他の欧州主要国同様，欧州域内の固定相場制を採用したが，この固定相場制離脱に対処し，すでにニュージーランド等で実施されていたインフレーション・ターゲットを採用した．

14）インフレ安定化のイギリスの成長は，レバレッジ（債務比率）の上昇による不動産セクターの成長も貢献しており，これは持続的な成長をもたらすより経済を不安定化させたとの側面もある．

15）マニュフェストにはイングランド銀行法の改正・法制的な独立性の付与は明示されていない．ブラウン元財務相によれば，これは金融政策を政治

問題化することを避けるための配慮とされている．この点は，金融政策を直接選挙の争点とした 2012 年の日本の自由民主党とは対照的である．

16）総選挙（5 月 1 日）後の最初の MPC は，約 3 週間の間に委員の選任，審議プロセスの決定などへて 6 月 6 日に開かれている．

17）イギリスの金融監督体制の変化については，小林［2018］参照．

18）コンファランスの模様については，イングランド銀行のホームページほか，佐志田［2018］を参照した．

19）上川［2014］など．

20）軽部［2018］など．

あ と が き

　本書の初校の校正を慌ただしくおえて，いま偶然ロンドンにいる．ユーストンの大英図書館への道筋にタヴィストック・スクエアという比較的小さな公園がある．1982 年，私が初めて英国での暮らしを始めたところだ．爾来約 40 年，英国は私を魅してやまない．

　奥深い文化，歴史はもちろんのこと，英国の政治経済．そこには自由と規律の微妙なバランスがあるように思う．例えば政治を例にとれば，労働党は労働者階級に正当な対価を要求する．一方保守党は，働かず国に頼ることに厳しく接する一方，企業家が成功し報酬を得ることを正当化する．いわばそれぞれの政策は信条のぶつかりあいだ．個々の政治家は，それぞれの規律に裏付けられながらも，自由に信条を解釈し披露する．障害を持つ方や少数者を大事にするのは両者に共通だが，福祉国家が行き過ぎれば，怠惰な労働者が増え不労所得が膨らみ歪みが生じる．一方経済での自由が行き過ぎれば，投機を生みやはり不労所得が助長され歪みが生まれる．長い間英国をみるとこの繰り返しだ．英国の社会は，時に弱さを露呈するが，長期的にみれば規律が歯止めとなり代謝が起きて，強さが生まれてくるように思う．

　英国で過ごした大学院時代は，個人指導の繰り返しだった．隔週ごとにエッセイ（小論文）を課されそれをもとに議論を尽くした．本当は時間には限りがあるのだが，時には議論と指導は半日に及ぶ．また指導教官の研究姿勢にも学ぶうちにあっという間に 2 年間を終

えてしまった．個人指導の最終回では，指導教官から「これで君も
プロフェッショナルになったはず」とのやや過大なはなむけをもら
った．教育とは単に知識を吸収するものではない．知識は必然的に
古くなる．時代の変化の中で自ら学ぶ力をつけ，知識の受け売りに
陥らず自ら考えること，これが英国の大学教育の考えであり，「自ら
考え抜く」というプロとしての研究者の規律を学んだように思う．い
ま日本の大学に籍を置くとき，彼我の差をどうしても感じてしまう．

　今回現在勤務の大学の同僚であり，実は大学の同級生でもあった
斉藤氏との共著に一章を寄せることができた．斉藤氏とは大学卒業
以来，別の職場を歩んできたが，時期は異なるもの，オックスフォ
ード大学や中国の社会科学院など不思議に同じ体験を共有してきた．
また斉藤氏は英国の金融制度や中央銀行を研究対象とし，わが国の
金融政策についても，学界からの一方的に批判的な論説が多い中で，
中央銀行の内部の者にも深い洞察を与える優れた論文を発表してき
た．特にイングランド銀行には造詣が深く，本書では最近の研究の
成果が披露されている．ともに英国を愛する点で，いわゆるケミス
トリーが一致しており，いつか本書に続き共同論文を手掛けたいと
思っている．

　一方私はこの 20 年間，中央銀行の独立性に関心を寄せてきた．
日銀時代には，日本銀行法に関する研究会を組成した．塩野宏東京
大学教授（当時）に座長をお願いし，3 年に亘り学界の最高峰の
方々にご参加いただいた研究会の成果は，今日でも最も重要なもの
であると自負している［塩野 2001］．また，政府の中央銀行研究会に
参加され憲法学の立場から中央銀行を論じられた佐藤幸治京都大学
教授（当時）からも多くのことを学んできている．

いま第6章に補足する形で，改めて中央銀行について二つのこと
を記しておきたい．

　先日，イングランド銀行のミュージアムを訪れると，中央銀行の
政策として，従来の① 金融政策の実施，② 金融システムの安定に
加えて，③ 金融危機の管理があげられていた．従来の2つの目的か
ら3つの目的への変化，これは今日の中央銀行関係者の共通の認識
となっている．米国の連邦準備制度の要職を務めた友人も，危機は
必ずやってくるとして，現在の金融政策運営では，半分以上は金融
危機の防止・管理が念頭に置かれていると明言していた．世界各国
の景気が，従来のビジネスサイクルから金融（レバレッジ）の影響に
よるフィナンシャルサイクルと変貌している時，中央銀行の政策の
ウエイトも自ずから変わる．国際的な資金フローが席巻する中で，
一国主義的な金融政策モデルも見直される必要があるだろう．金融
政策のフレームワークや経済学での金融政策理論が書き換えられる
日も近いように思う．

　第二は，本書で取り上げた中央銀行の独立性についてである．本
書では，簡単だが，中央銀行の独立性について，イングランド銀行
と日本銀行を比較した．しかし独立性を強化した法が施行され，20
年間を経て，独立性は様々な挑戦を受け続けてきている．いまあら
ためて，これまでの経験を踏まえると，中央銀行の独立性が発揮さ
れるためには少なくても三つの要件が求められるように思う．

　その一つがいうまでもなく法制度による独立性の強化である．日
本銀行法はその点世界標準に近い．二つ目が，金融財政政策の規律
である．政策ルールは規律の体現でもあるが，明示的な政策ルール
がなくても規律が維持されることが必要となる．英国の場合は，金

融政策についてはインフレーション・ターゲットが，財政政策については財政均衡ルールが施行された．いまブレクジットを迎え，財政均衡は大きな挑戦を受けているが，この中で金融政策の規律とともに財政面でも規律を如何に維持していくかが課題となっている．一方わが国の場合，財務官僚の従来の矜持に反して政治の圧力から，財務規律は緩み続けてきた．また日本銀行も非伝統的な政策運営の中でも金融政策の規律付けに苦心を払ってきたが，現在の量的質的緩和では規律は大きく緩められている．またインフレーション・ターゲットの導入も遅れたが，２％目標の達成が見通せないなかで，これも金融政策のみならず財政政策面でも規律として働いているとは言い難い．三番目が，政治の対応である．ジョンソン政権の誕生など，英国の政治の先行きに予断は許さないが，英国政府が今日までイングランド銀行の独立性を尊重してきたのは本書で示した通りである．なお総選挙のもとでの英国では，保守党の優勢が伝えられる中で，ジョンソン首相の対立をあおるような扇情的な言葉遣いが問題とされていた．これも英国の伝統的な政治の規律への挑戦であり，これが反発を生んでいるようにみえる．一方日本銀行についての政治との関係では，1970 年代後半に独立性を発揮した事例として，大平政権下での前川総裁による公定歩合の変更の事例があげられる．旧法下での日本銀行は法制度的な独立性は弱かったもの，1960 年代までは，固定相場制のもとで財政金融政策の規律が維持されていた．しかし，1970 年代後半には変動相場制に移行して，金融政策の独立した運営は難しくなっていた．こうした状況で，従来の慣例を破って，日本銀行は国会で予算審議中に公定歩合を引き上げた（80 年 2 月）．これは，見識のある首相のもとでの中央銀行の独立性が尊

重された事例であろう．1970 年代後半の独立性の発揮の事例は，前川総裁の断固たる覚悟とともに大平総理の英断による．これに対して，2012 年の総選挙では，独立性を弱める日銀法の改正まで言及され，日銀へ政治圧力が加えられた．今日の日本銀行を取り巻く状況は，最後の二つの要件が失われた状態といわざるを得ない．

　考えてみると中央銀行の独立性の状況も，その国の政治社会を映す鏡でもある．英国は自由と規律の巧妙なバランスのなかで生きてきているが，これまでのところ政治の規律の緩みが社会全体を支配するような事態は避けられている．政府の強権化が，社会の窮屈化を生んでいるような事態も窺われない．一方わが国では，政治権力が強大になり社会が窮屈化する一方，政治規律は緩んできているとの指摘もされている．財政規律，金融政策の規律が緩んでも，政治規律さえ確保されていれば，社会全体では一定の規律は保たれよう．しかし政治規律の緩みに歯止めが効かなくなれば，それに共鳴するように，金融政策や財政政策の規律の緩みに歯止めが効かなくなることが懸念されてしまう．

　今回の英国滞在は，雨にたたられた日々であった．掃除の行き届かない晩秋のタヴィストック・スクエアは濡れた落ち葉が散乱していた．しかし一日だけ朝陽が輝き，二匹のリスが遊んでいた．様々な困難のなかでも英国が輝きを失わないことを確信させる瞬間でもあった．

　　　2019 年 11 月

　　　　　　　　　　ロンドン，そして帰国の機中にて

　　　　　　　　大阪経済大学経済学部教授　髙　橋　　亘

初 出 一 覧

第 1 章　「カーニー体制下のイングランド銀行金融政策」『証券経済
　　　　　研究』第 90 号，2015 年（斉藤美彦）

第 2 章　"The Funding for Lending Scheme as the Bank of England's
　　　　　incentive to boost lending," *Small Business Monograph*, No.
　　　　　20, 2016.（斉藤美彦）

第 3 章　「イングランド銀行の量的緩和政策からの出口政策につい
　　　　　て」『証券経済研究』第 98 号，2017 年（斉藤美彦）

第 4 章　「量的緩和とイングランド銀行財務」『証券経済研究』第
　　　　　106 号，2019 年（斉藤美彦）

第 5 章　「イングランド銀行による中央銀行デジタル通貨（CBDC）
　　　　　の検討」『証券経済研究』第 105 号，2019 年（斉藤美彦）

第 6 章　「中央銀行の独立性再考——新たな環境のもとで」『ニッセ
　　　　　イ基礎研レポート』2019 年 7 月 25 日（髙橋亘）

参 考 文 献

（全章共通）

• 斉藤美彦［2014］『イングランド銀行の金融政策』金融財政事情研究会

（第 1 章）

• Butt, N. et al.［2012］"What can the money data tell us about the impact of QE?," *Bank of England Quarterly Bulletin*, 2012Q4.

• Capie, F.［2010］*Bank of England 1950s to 1979*, Cambridge University Press.（邦訳：イギリス金融史研究会訳［2015］『イングランド銀行——1950 年代から 1979 年まで——』日本経済評論社）

• Debt Management Office（DMO）［2014］*DMO Annual Review 2013-14*.

• King, M.［2012］"*Speech（2012.10.9）*," Bank of England.

• McLeay, M. et al.［2014a］"Money in the modern economy: an introduction," *Bank of England Quarterly Bulletin*, 2014Q1.

• ————［2014b］"Money creation in the modern economy," *Bank of England Quarterly Bulletin*, 2014Q1.

• 加藤出［2014］『日銀，「出口」なし！』朝日新聞出版（朝日新書）

• 金井雄一［2017］「銀行券が預金されたのか，預金が銀行券を生んだのか」『歴史と経済』第 237 号

• 斉藤美彦［2015］「混乱しつつも出口を模索するイングランド銀行の金融政策」『CUC View and Vision』No. 40

（第 2 章）

• 斉藤美彦［1994］『リーテイル・バンキング——イギリスの経験——』時潮社

• ————［1999］『イギリスの貯蓄金融機関と機関投資家』日本経済評論社

- Arrowsmith, M. et al. [2013] "SME forbearance and its implications for monetary and financial stability," *Bank of England Quarterly Bulletin*, 2013Q1.
- Beau, E. et al. [2014] "Bank funding costs: what are they, what determines them and why do they matter?," *Bank of England Quarterly Bulletin*, 2014Q4.
- Butt, N. et al. [2012] "What can the money data tell us about the impact of QE?," *Bank of England Quarterly Bulletin*, 2012Q4.
- Churm, R, et al. [2012] "The Funding for Lending Scheme.," *Bank of England Quarterly Bulletin*, 2012Q4.
- Committee on Finance & Industry [1931] *Report*（Macmillan Report), HMSO.
- Davies, R. et al. [2010] "Evolution of the UK banking system," *Bank of England Quarterly Bulletin*, 2010Q4.
- King, M. [2012] "*Speech*（*2012.10.9*)," Bank of England.
- Martin, I. [2013] *Making it Happen: Fred Goodwin, RBS and the men who blew up the British economy*, Simon & Schusten UK.（邦訳 [2015]『メイキング・イット・ハプン――世界最大の銀行を破綻させた男たち』WAVE 出版)
- McLeay, M. et al. [2014a] "Money in the modern economy: an introduction," *Bank of England Quarterly Bulletin*, 2014Q1.
- ―――― [2014b] "Money creation in the modern economy," *Bank of England Quarterly Bulletin*, 2014Q1.
- Merlin-Jones, D. [2010] *The Industrial and Commercial Finance Corporation: Lessons from the past for the future*, CIVITAS.

（第 3 章)
- Assets Purchase Facility, *Quarterly Report*, various issues.
- Bank of England, *Inflation Report*, various issues.
- Bank of England, Markets and operations, *Bank of England*

　　Quarterly Bulletin various issues.
- HM Treasury［2017］*Debt management report 2017-18.*
- Joyce, M., Tong, M. and Woods, R.［2011］"The United Kingdom's quantitative easing policy: design, operation and impact," *Bank of England Quarterly Bulletin*, Vol. 51-No. 3.
- McLaren, N. and Smith, T.［2013］"The profile of cash transfers between the Asset Purchase Facility and Her Majesty's Treasury," *Bank of England Quarterly Bulletin* 2013Q1.
- Saito, Y.［2016］"The Funding for Lending Scheme as the Bank of England's incentive to boost lending," *Small Business Monograph*, No. 20.
- 翁邦雄［2017］『金利と経済』ダイヤモンド社
- 河村小百合［2015］「「出口」局面に向けての非伝統的金融政策運営をめぐる課題」『JRI レビュー』Vol. 7，No. 26.
- ────［2016］『中央銀行は持ちこたえられるか』集英社（集英社新書）
- 須藤時仁［2007］『国債管理政策の新展開』日本経済評論社

（第 4 章）
- Asset Purchase Facility, *Annual Report*, various issues.
- ──── *Quartely Report*, various issues.
- Bank of England, *Annual Report*, various issues.
- McLaren, N. and Smith, T.［2013］"The profile of cash transfers between the Asset Purchase Facility and Her Majesty's Treasury," *Bank of England Quarterly Bulletin*, 2013Q1.
- 河村小百合［2015］「非伝統的手段による金融政策運営をめぐる課題」『経済のプリズム』No. 143.
- ────［2018］「イングランド銀行の政策運営と課題」『JRI レビュー』Vol. 5，No. 56.
- 斉藤美彦［2017］「イギリスにおけるキャッシュレス事情について」

『CCR』（日本クレジット協会）No. 6.

- 土田陽介［2018］「英，景気低迷下で利上げ」『金融財政ビジネス』第 10761 号
- 西村閑也［1983］「［古典案内］ウォルター・バジョット著・宇野弘蔵 訳『ロンバード街——ロンドンの金融市場』」『経済学批判』第 13 号
- 平山健二郎［2015］『貨幣と金融政策』東洋経済新報社

（第 5 章）

- Ali, R., Barrdear, J. Clews, R. and Southgate, J.［2014a］"Innovations in payment technologies and the emergence of digital currencies," *Bank of England Quarterly Bulletin*, Vol. 54, No. 3.
- ———［2014b］"The economics of digital currencies," *Bank of England Quarterly Bulletin*, Vol. 54, No. 3.
- Bank of England［2015］"One Bank Research Agenda".
- Barrdear, J. and Kumhof, M.［2016］"The macroeconomics of central bank issued digital currencies," *Staff Working Paper*（Bank of England）, No. 605.
- Broadbent, B.［2016］*Central banks and digital currencies*（Speech）
- Carney, M.［2018］*The Future of Money*（Speech）
- Danezis, G. and Meiklejohn, S.［2016］"Centrally Banked Crypto-currencies," *Proceedings of Network and Distributed System Security Symposium 2016*, Internet Society.
- Fish, T. and Whymark, R.［2015］"How has cash usage evolved in recent decades? What might drive demand in the future?," *Bank of England Quarterly Bulletin*, 2015Q3.
- King, M.［2016］*The End of Alchemy*, The Wylie Agebcy.（邦訳［2017］『錬金術の終わり』日本経済新聞出版社）
- Kumhof, M. and Noone, C.［2018］"Central bank digital currencies-design principles and balance sheet implications," *Staff Working Paper*（Bank of England）, No. 725.

- Meaning, J., Dyson, B., Baker, J. and Clayton, E.［2018］"Broadening narrow money: monetary policy with a central bank digital currency," *Staff Working Paper*（Bank of England）, No. 724.
- Rogoff, S. R.［2016］*The Curse of Cash,* Prinston University Press.（邦訳［2017］『現金の呪い』日経 BP 社）
- Siciliani, P.［2018］"Competition for retail deposits between commercial banks and non-bank operators: a two-sided platform analysis," *Staff Working Paper*（Bank of England）, No. 728.
- Tobin, J.［1987］"The Case for Preserving Regulatory Distinctions," in *Restructuring the Financial System*, Federal Reserve Bank of Kansas City.
- 川野祐司［2018］『キャッシュレス経済──21 世紀の貨幣論──』文眞堂
- 木内登英［2018］『決定版 銀行版デジタル革命』東洋経済新報社
- 金融調査研究会［2018］『キャッシュレス社会の進展と金融制度のあり方』（金融調査研究会報告書（60））
- 小林亜紀子・河田雄次・渡邉明彦・小早川周司［2016］「中央銀行発行デジタル通貨について──海外における議論と実証実験──」『日銀レビュー』2016-J-19.
- 斉藤美彦［2017］「イギリスにおけるキャッシュレス事情について」『CCR』（日本クレジット協会）No. 6.
- ─────［2018］「キャッシュレス化のメリットと実現可能性について」『CCR』（日本クレジット協会）No. 8.
- 淵田康之［2017］『キャッシュフリー経済──日本活性化の FinTech 戦略──』日本経済新聞出版社
- 吉田暁［1990］「ペイメントシステムのリスクと銀行の本質」『武蔵大学論集』第 35 巻 6 号（吉田暁［2002］『決済システムと銀行・中央銀行』（日本経済評論社）に収録）

（第6章）

- Allen, W. A.［2017］"Quantitative Easing and the Independence of the Bank of England," *NIESR Policy Paper* 001, Available at https://www.niesr.ac.uk/sites/default/files/publications/NIESRPP001.pdf
- Balls, E., Howat, J. and Stansbury, A.［2018］"Central Bank Independence Revisited: After the Financial Crisis, What Should a Model Central Bank Look Like?," *M-RCBG Associate Working Paper*, No. 87, Available at https://www.hks.harvard.edu/sites/default/files/centers/mrcbg/working.papers/87_final.pdf
- Bank of England.［2017］"Independence-20 years on," Available at https://www.bankofengland.co.uk/events/2017/september/20-years-on
- Brunnermeier. M. K. and Pedersen, L. H.［2008］"Market Liquidity and Founding Liquidity," *The Review of Financial Studies*, 22(6), pp. 2201–2238.
- Buiter, W.［2014］"Central Banks: Powerful, Political and Unaccountable?" *Discussion Paper No. 10223*, Centre for Economic Policy Research.
- Chrystal, A.［1998］*Summary of Discussions. In Government debt structure and monetary conditions*, Bank of England, London.
- Cukierman, A.［1992］*Central Bank Strategy, Credibility, and Independence: Theory and Evidence*, MIT Press, Cambridge.
- ───────［2008］"Central bank independence and monetary policy making institutions-Past, present, future," *European Journal of Political Economy*, pp. 722–736.
- ───────［2013］"Regulatory Reform and the Independence of Central Banks and Financial Supervisors," in *Morten Balling*, E. G.: States, Bans and the Financing of the Economy: Monetary Policy and Regulatory Regimes, pp. 121-134. SUERF, Vienna.

- Debelle, G. and Fisher, S. [1994] "How Independence Should a Central Bank Be?," Working Papers in Applied Economic Theory.
- Debelle, G. [2017] "Central Bank Independence in Retrospect. Address at the Bank of England Independence: 20 Years on Conference," Available at https://www.rba.gov.au/speeches/2017/sp-dg-2017-09-28.html
- Drazen, A. [2000] *Political Economy: In Macroeconomics*, Princeton University Press, Princeton.
- Eggertsson, G. and Woodford, M. [2004] "Optimal Monetary Policy and Fiscal Policy in a Liquidity Trap," *NBER International Seminar on Macroeconomics*. Reykjavik, Iceland.
- Eijffinger, S. C. and De Haan, J. [1996] "The Political Economy of Central Bank Independence," *Special Papers in International Economics*, Princeton.
- Eijffinger, S. and Geraats, P. [2006] "How transparent are central banks?" *European Journal of Political Economy*, 22(1), pp. 1-21.
- Feldstein, M. [2002] "The Role for Discretionary Fiscal Policy in Low Interest Rate Environment," *NBER Working Paper 9203*.
- Fischer, S. [2017] "The independent Bank of England," *Board of Governors of Federal Reserve System*, Available at https://www.federalreserve.gov/newsevents/speech/fischer20170928a.htm
- Geithner, T. [2014] *Stress Test: Reflection on Financial Crises*, Broadway Books.
- Goodfriend, M. and King, R. [1988] "Financial deregulation, monetary policy, and central banking," in Haraf, W. and Kushmeider, R.: Restructuring Banking and Financial Services in America. AEI.
- Goodhart, C. [2010] "The Changing Role of Central Banks," *Bank for International Settlement working Papers*, No. 326.
- Goodhart, C. and Meade, E. [2004] "Central Banks and Supreme Courts," *Monede Y Credito*, No. 218, pp. 11-42.

- Goodhart, C. and Schoenmaker, D. [1995] "Should The Functions of Monetary Policy and Bank Supervision Be Separated?," *Oxford Economic Papers*, New Series, 47(4), pp. 529-560.
- King, M. [1997] "Changes in UK Monetary Policy: Rules and Discretion in Practice," *Journal of Monetary Economics* 39, pp. 81-97.
- Krugman, P. R., Dominquez, K. M. and Rogoff, K. [1998] "It's baaack: Japan's Slump and the Return of the Liquidity Trap," *Brooking Papers on Economic Activity* 1998. 2, pp. 137-205.
- Kydland, F. and Prescott, E. [1997] "Rules Rather than Discretion: the Inconsistency of Optimal Plans," *Journal of Political Economy* 85, pp. 473-491.
- Nakaso, H. [2017] "Evolving Monetary Policy The Bank of Japan's Experience," Available at https://www.boj.or.jp/en/announcements/press/koen_2017/data/ko171019a1.pdf
- Persson, T., Roland, G. and Tabellini, G. [1997] "Separation of powers and political accountability," *Quarterly Journal of Economics* 1120 (November), pp. 1163-1202.
- Persson, T. and Tabellini, G. [2002] *Political Economics: Explaining Economic Policy*, The MIT Press. Cambridge.
- Rogoff, K. [1985] "The optimal degree of commitment to an intermediate," *Quarterly Journal of Economics*, 100 (November), pp. 1169-1189.
- Sargent, T. J. and Wallace, N. [1981] "Some Unpleasant Monetarist Arithmetic," *Federal Reserve Bank of Minneapolis Quarterly Review* (Fall), pp. 1-17.
- Svensson, L. O. [2000] "The Zero Bound in an Open Economy: A Foolproof Way of Escaping from a Liquidity Trap," *NBER Working Papers* 7957.
- Tucker, P. [2018] *Unelected Power: The Quest for Legitimacy in*

    Central Banking and the Regulatory State, Princeton University Press, Princeton.

- Walsh, C. E.［1995］"Optimal contracts for central bankers," *American Economic Review*, pp. 150-167.
- Woodford, M.［2003］*Interest and Prices: Foundations of a Theory of Monetary Policy*, Princeton University.
- 石垣健一・三木谷良一［1998］『中央銀行の独立性』東洋経済新報社
- 岩田一政［2017］『デフレとの闘い』日本経済新聞出版社
- 岩田一政・左三川郁子［2018］『金融正常化へのジレンマ』日本経済新聞出版社
- 岩村充［2016］『中央銀行が終る日──ビットコインと通貨の未来』新潮社
- ────［2018］『金融政策に未来はあるか』岩波書店
- 上川龍之進［2014］『日本銀行と政治──金融政策決定の軌跡』中央公論社
- 翁邦雄［2015］『経済の大転換と日本銀行』岩波書店
- ────［2017］『金利と経済──高まるリスクと処方箋』ダイヤモンド社
- 軽部謙介［2018］『官僚たちのアベノミクス──異形の経済政策はいかに作られたか』岩波書店
- 木内登英［2018］『金融政策の全論点』東洋経済新報社
- 木下智博［2018］『金融危機と対峙する「最後の貸し手」中央銀行』勁草書房
- 鯨岡仁［2017］『日銀と政治』朝日新聞出版
- 小林慶一郎［2018］『財政破綻後──危機のシナリオ分析』日本経済新聞出版社
- 佐藤幸治［2002］『日本国憲法と「法の支配」』有斐閣
- ────［2008］『現代国家と人権』有斐閣
- 塩野宏監修［2001］『日本銀行の法的性格──新日銀法を踏まえて──』弘文堂

- 白川方明［2018］『中央銀行　　セントラルバンカーの経験した 39 年』東洋経済新報社
- 白塚重典［1998］『物価の経済分析』東京大学出版会
- 須田美矢子［2014］『リスクとの闘い──日銀政策委員会の 10 年を振り返る』日本経済新聞出版社
- 竹田陽介・矢嶋康次［2013］『非伝統的金融政策の経済分析』日本経済新聞出版社
- 藤木裕［1998］『金融市場と中央銀行』東洋経済新報社
- 米沢潤一［2016］『日本財政を斬る』天社出版

索　　引

《著者紹介》

斉藤 美彦（さいとう　よしひこ）（第 1・2・3・4・5 章）

　　1979 年　東京大学経済学部卒業
　　1995 年　武蔵大学博士（経済学）
　　現　在　大阪経済大学経済学部教授

　主要業績

　『リーテイル・バンキング――イギリスの経験――』（時潮社，1994 年）
　『イギリスの貯蓄金融機関と機関投資家』（日本経済評論社，1999 年）
　『金融自由化の進展と金融政策・銀行行動』（日本経済評論社，2006 年）
　『イングランド銀行の金融政策』（金融財政事情研究会，2014 年）

髙橋　亘（たかはし　わたる）（第 6 章）

　　1978 年　東京大学経済学部卒業
　　1984 年　University of Oxford　M. Phil. in Economics
　　現　在　大阪経済大学経済学部教授，神戸大学経済経営研究所リサーチフェロー

　主要業績

　"A Financial System Perspective on Japan's Experience in the Late 1980s," IMES
　　　Discussion Paper Series 2009-E-19, Bank of Japan, August 2009 (with M.
　　　Hattori and Hyun Song Shin)
　"The Japanese Financial Sector: From high growth to lost decades: Economic
　　　transitions from the perspective of market economy orientation," in Andrew
　　　Walter and Xiaoke Zhang ed. "East Asian Capitalism: Diversity, Change and
　　　Continuity," Oxford University Press, Oxford, Great Britain, July 2012
　『日本の金融政策――平成時代の回顧』（RIETI　Discussion Paper Series 19-J-05,
　　　2019 年）

危機対応と出口への模索
——イングランド銀行の戦略——

2020年3月10日　初版第1刷発行　　＊定価はカバーに
表示してあります

著　者　　斉　藤　美　彦　Ⓒ
　　　　　髙　橋　　　亘

発行者　　植　田　　　実

印刷者　　田　中　雅　博

発行所　株式会社　晃　洋　書　房

〒615-0026　京都市右京区西院北矢掛町7番地
電話　075 (312) 0788番(代)
振替口座　01040-6-32280

装丁　㈱クオリアデザイン事務所　　印刷・製本　創栄図書印刷㈱

ISBN978-4-7710-3307-8